Ted

Por United Library

https://campsite.bio/unitedlibrary

Índice

Índice 2

Descargo de responsabilidad 4

Introducción 5

Ted Bundy 7

Primeros años y educación 10

Una ola de asesinatos en los estados occidentales 22

Detención y primer juicio 36

Escapa 42

Asesinatos en Florida y nueva detención 47

Juicios posteriores, matrimonio 52

Corredor de la muerte, confesiones y ejecución 57

Modus operandi y perfiles de las víctimas 65

Patología 71

Víctimas 78

Otros libros de United Library 99

Descargo de responsabilidad

Este libro biográfico es una obra de no ficción basada en la vida pública de una persona famosa. El autor ha utilizado información de dominio público para crear esta obra. Aunque el autor ha investigado a fondo el tema y ha intentado describirlo con precisión, no pretende ser un estudio exhaustivo del mismo. Las opiniones expresadas en este libro son exclusivamente las del autor y no reflejan necesariamente las de ninguna organización relacionada con el tema. Este libro no debe tomarse como un aval, asesoramiento legal o cualquier otra forma de consejo profesional. Este libro se ha escrito únicamente con fines de entretenimiento.

Introducción

El libro de Ted Bundy es un relato escalofriante de uno de los asesinos en serie más famosos de Estados Unidos. Theodore Robert Bundy, encantador y carismático en apariencia, era un individuo profundamente perturbado que cometió horribles crímenes contra numerosas mujeres jóvenes y niñas durante la década de 1970.

A pesar de su encanto exterior, Bundy albergaba fantasías oscuras y retorcidas, y utilizaba su carisma para atraer a sus víctimas hacia la muerte. Su modus operandi consistía en acercarse a las mujeres en público, fingir lesiones o autoridad para ganarse su confianza, antes de agredirlas brutalmente y asesinarlas. Los atroces actos de Bundy se extendían a rituales post mortem, que incluían volver a visitar los cuerpos de sus víctimas para cometer nuevas atrocidades.

Tras años de negación, Bundy confesó 30 asesinatos, aunque el verdadero alcance de sus crímenes sigue siendo desconocido. Sus espeluznantes crímenes y su capacidad para eludir la captura durante tanto tiempo cautivaron a la nación y siguen fascinando hasta hoy.

Este libro se adentra en la psique de Bundy, explora las profundidades de su depravación y arroja luz sobre la perturbadora mente de un asesino en serie.

Ted Bundy

Theodore Robert Bundy (né Cowell; 24 de noviembre de 1946 - 24 de enero de 1989) fue un asesino en serie estadounidense que secuestró, violó y asesinó a docenas de mujeres jóvenes y niñas durante la década de 1970 y posiblemente antes. Tras negarlo durante más de una década, confesó 30 asesinatos cometidos en siete estados entre 1974 y 1978. Se desconoce el número total de víctimas.

Bundy empleaba a menudo el encanto para disfrazar sus intenciones asesinas cuando secuestraba a sus víctimas, y extendió esta táctica ante las fuerzas del orden, los medios de comunicación y el sistema de justicia penal para mantener sus pretensiones de inocencia. Su técnica habitual consistía en acercarse a una mujer en público y atraerla hasta un vehículo aparcado en una zona más apartada, momento en el que la golpeaba hasta dejarla inconsciente, la sujetaba con esposas y la llevaba a otro lugar para agredirla sexualmente y matarla.

Con este fin, Bundy solía simular una discapacidad física, como una lesión, para convencer a su víctima de que necesitaba ayuda con algo, o la engañaba haciéndole creer que era una figura de autoridad. A menudo volvía a visitar los cadáveres de las personas que secuestraba, a las que acicalaba y sobre las que realizaba actos sexuales hasta que la descomposición y la destrucción por animales salvajes hacían imposible seguir interactuando con ellas. Decapitó al menos a 12 de sus víctimas y guardó sus cabezas cortadas como recuerdo en su apartamento. En algunas ocasiones, irrumpía en las casas por la noche y apaleaba, mutilaba, estrangulaba y/o agredía sexualmente a sus víctimas mientras dormían.

En 1975, Bundy fue detenido y encarcelado en Utah por secuestro con agravantes e intento de agresión criminal. A continuación, se convirtió en sospechoso de una lista cada vez más larga de homicidios sin resolver en varios estados. Acusado de asesinato en Colorado, Bundy organizó dos dramáticas fugas y cometió nuevos asaltos en Florida, incluidos tres asesinatos, antes de su recaptura definitiva en 1978. Por los homicidios de Florida recibió tres condenas a muerte en dos juicios, y fue ejecutado en la silla eléctrica de la prisión estatal de Florida, en Raiford, el 24 de enero de 1989.

La biógrafa Ann Rule lo caracterizó como "un sociópata sádico que obtenía placer del dolor ajeno y del control que ejercía sobre sus víctimas, hasta el punto de causarles la muerte e incluso después". En una ocasión, Bundy se describió a sí mismo como "el hijo de puta con el corazón más frío que jamás conocerás", una afirmación con la que la abogada Polly Nelson, miembro de su último equipo de defensa, estuvo de acuerdo. "Ted", escribió, "era la definición misma de la maldad sin corazón".

Primeros años y educación

Infancia

Ted Bundy nació como Theodore Robert Cowell el 24 de noviembre de 1946, hijo de Eleanor Louise Cowell (1924-2012) en el Hogar Elizabeth Lund para madres solteras de Burlington, Vermont. Nunca se ha confirmado la identidad de su padre biológico; al parecer, su partida de nacimiento original asigna la paternidad a un vendedor y veterano de las Fuerzas Aéreas de Estados Unidos llamado Lloyd Marshall, aunque una copia de la misma indicaba que su padre era desconocido. Louise afirmó que conoció a un veterano de guerra llamado Jack Worthington, que la abandonó poco después de quedarse embarazada. Los registros del censo revelan que varios hombres llamados John Worthington y Lloyd Marshall vivían cerca de Louise cuando Bundy fue concebido. Algunos miembros de la familia expresaron sus sospechas de que Bundy fuera engendrado por el propio padre de Louise. Sin embargo, en el documental de 2020 *Crazy, Not Insane*, la psiquiatra Dorothy Otnow Lewis afirmó que había recibido una muestra de sangre de Bundy y que una prueba de ADN había confirmado que Bundy no era producto de un incesto.

Durante los tres primeros años de su vida, Bundy vivió en Roxborough, Pennsylvania, un suburbio de Filadelfia, con sus abuelos maternos, Samuel Knecht Cowell (1898-1983) y Eleanor Miriam Longstreet (1895-1971), que lo criaron como su hijo para evitar el estigma social que acompañaba al nacimiento fuera del matrimonio en aquella época. A la familia, a los amigos e incluso al joven Ted se les dijo que sus abuelos eran sus padres y que su madre era su hermana mayor. Bundy acabó descubriendo la verdad sobre su familia, aunque sus recuerdos de las circunstancias variaban; dijo a una amiga que un primo le enseñó una copia de su partida de nacimiento después de llamarle "bastardo", pero a los biógrafos Stephen Michaud y Hugh Aynesworth les dijo que había encontrado el certificado él mismo. La biógrafa y escritora de crímenes reales Ann Rule, que conoció personalmente a Bundy, escribió que no se enteró hasta 1969, cuando localizó su partida de nacimiento original en Vermont. Bundy expresó un resentimiento de por vida hacia su madre por no haberle hablado nunca de su verdadero padre y haberle dejado que descubriera su verdadera filiación por sí mismo.

Bundy mostraba ocasionalmente un comportamiento perturbador a una edad temprana. La hermana menor de

Louise, Julia Cowell, recordaba que al despertarse de una siesta se encontró rodeada de cuchillos de cocina y a su sobrino de 3 años junto a la cama, sonriendo. En algunas entrevistas, Bundy habló cariñosamente de sus abuelos y dijo a Rule que se "identificaba", "respetaba" y "se aferraba" a su abuelo. En 1987, sin embargo, él y otros miembros de la familia dijeron a los abogados que Samuel era un matón tiránico que pegaba a su mujer y a su perro, columpiaba a los gatos del vecindario por la cola y manifestaba actitudes racistas y xenófobas. En una ocasión, Samuel tiró a Julia por las escaleras por haberse quedado dormida. A veces hablaba en voz alta a presencias invisibles y al menos una vez montó en cólera cuando se planteó la cuestión de la paternidad de Bundy. Bundy describió a su abuela como una mujer tímida y obediente que se sometía periódicamente a terapia electroconvulsiva por depresión y temía salir de casa hacia el final de su vida.

Estas descripciones de los abuelos de Bundy han sido cuestionadas en investigaciones más recientes. Algunos lugareños recordaban a Samuel como un "buen hombre" y expresaron su perplejidad ante los informes de que era violento. "La caracterización de que [Sam] era un alcohólico furioso y un maltratador de animales era una caracterización conveniente utilizada para que la gente justificara por qué Ted era como era", dijo uno de los primos de Bundy. "Por lo poco que le conocí, nada más lejos de la realidad. Sus hijas le querían mucho y sólo tenían buenos recuerdos de él". Además, la hermana de Louise, Audrey Cowell, declaró que su madre no podía salir de casa porque sufrió un derrame cerebral debido a su sobrepeso y que no estaba mentalmente enferma.

En 1950, Louise cambió su apellido de Cowell a Nelson y, a instancias de varios familiares, abandonó Filadelfia con Ted para vivir con sus primos Alan y Jane Scott en Tacoma, Washington. En 1951, Louise conoció a Johnny Culpepper Bundy (1921-2007), cocinero de hospital, en una noche de solteros adultos en la Primera Iglesia Metodista de Tacoma. Se casaron ese mismo año y Johnny adoptó formalmente a Ted. Johnny y Louise concibieron cuatro hijos juntos y, aunque Johnny intentó incluir a su hijo adoptivo en las acampadas y otras actividades familiares, Bundy se mantuvo distante de él. Más tarde se quejaría a una amiga de que Johnny "no era su verdadero padre", "no era muy inteligente" y "no ganaba mucho dinero".

Bundy varió sus recuerdos de Tacoma en años posteriores. A Michaud y Aynesworth les contó que vagaba por su barrio, rebuscando en los cubos de basura en busca de fotos de mujeres desnudas, y a la abogada y escritora Polly Nelson le dijo que leía con atención revistas de detectives y novelas policíacas en busca de historias de violencia sexual, sobre todo si estaban ilustradas con fotos de mujeres muertas o mutiladas. En una carta a Rule, sin embargo, afirmaba que "nunca jamás leía revistas de detectives y me estremecía pensar que alguien lo hiciera". En una ocasión le dijo a Michaud que consumía grandes cantidades de alcohol y "recorría la comunidad" a altas horas de la noche en busca de ventanas sin cubrir donde pudiera observar a mujeres desnudándose, o "cualquier otra cosa [que] pudiera verse." El psicólogo Al Carlisle afirmó que Bundy "empezó a fantasear con las mujeres que veía mientras miraba por las ventanas o en otros lugares [e] imitaba el acento de algunos políticos que escuchaba en la radio". En esencia, fantaseaba con ser otra persona, alguien importante".

Sandi Holt, vecina de Tacoma, describió a Bundy como un matón y un "niño mezquino". "Le gustaba aterrorizar a la gente ... Le gustaba estar a cargo. Le gustaba infligir dolor, sufrimiento y miedo". También alegó que Bundy practicaba la crueldad con los animales: "Colgó uno de los gatos callejeros del vecindario de uno de los tendederos del patio trasero, lo roció con líquido para encendedores y le prendió fuego, y oí chillar a ese gato". Afirmó que Bundy llevaba a los niños más pequeños del vecindario al bosque y los aterrorizaba. "Los llevaba allí y los desnudaba, les quitaba la ropa", dijo. "Los oías gritar por cuadras, quiero decir, no importa dónde estuviéramos aquí, podíamos oírlos gritar". Holt añadió que Bundy construyó trampas punji improvisadas alrededor de su vecindario, hiriendo al menos a una niña. "Una niña se fue por encima de una de las trampas para tigres de Ted y le abrieron todo el lado de la pierna con la punta afilada del palo con el que aterrizó".

Los relatos sobre la vida social de Bundy también variaban. Dijo a los periodistas Michaud y Aynesworth que "eligió estar solo" cuando era adolescente porque era incapaz de entender las relaciones interpersonales; también afirmó no tener un sentido natural de cómo desarrollar amistades. "No sabía qué hacía que la gente quisiera ser amiga", dijo Bundy. "No sabía qué subyacía en las interacciones sociales". "Algunas personas me percibían como tímido e introvertido", dijo. "No iba a los bailes. No iba a las salidas a beber cerveza. Era bastante, se me podría llamar hetero, pero no una marginada social en ningún sentido". Compañeros de clase de la Escuela Secundaria Woodrow Wilson, sin embargo, dijeron a Rule que Bundy era "muy conocido y muy querido" allí, "un pez de tamaño mediano en un gran estanque." La única afición deportiva importante de Bundy era el esquí alpino, que practicaba con entusiasmo con material robado y billetes falsos. Durante el instituto, fue detenido al menos dos veces como sospechoso de robo y hurto de vehículos. Cuando cumplió 18 años, los detalles de los incidentes fueron eliminados de su expediente, como es habitual en Washington y en muchos otros estados.

Años universitarios

Tras graduarse en 1965, Bundy estudió un año en la Universidad de Puget Sound (UPS) antes de trasladarse a la Universidad de Washington (UW) para estudiar chino. En 1967 inició una relación sentimental con una compañera de la UW, Diane Edwards (identificada en las biografías de Bundy con varios seudónimos, el más común Stephanie Brooks). Bundy describió más tarde a Edwards como "la única mujer a la que he amado de verdad".

A principios de 1968, Bundy abandonó la universidad y trabajó en una serie de empleos de salario mínimo. También fue voluntario en la oficina de Seattle de la campaña presidencial de Nelson Rockefeller y se convirtió en chófer y guardaespaldas de Arthur Fletcher durante la campaña de éste para vicegobernador del estado de Washington. Edwards se graduó en la primavera de 1968 y se marchó de Washington a San Francisco. Bundy la visitó más tarde ese mismo año, después de obtener una beca para estudiar chino en la Universidad de Stanford ese verano.

En agosto, Bundy asistió a la Convención Nacional Republicana de 1968 en Miami. Poco después, Edwards puso fin a su relación y regresó a su casa familiar en California, frustrada por lo que describió como inmadurez y falta de ambición de Bundy. La psiquiatra Dorothy Otnow Lewis señalaría más tarde esta crisis como "probablemente el momento crucial en su desarrollo". Devastado por la ruptura, Bundy viajó a Colorado y luego más al este, visitando a parientes en Arkansas y Filadelfia y matriculándose durante un semestre en la Universidad de Temple. Según Rule, fue también en esa época, a principios de 1969, cuando Bundy visitó la oficina de actas de nacimiento de Burlington y confirmó su verdadera filiación.

Bundy estaba de vuelta en Washington en el otoño de 1969, cuando conoció a Elizabeth Kloepfer (identificada en la literatura de Bundy como Meg Anders, Beth Archer o Liz Kendall), una madre soltera de Ogden, Utah, que trabajaba como secretaria en la Facultad de Medicina de la UW. Su tumultuosa relación continuaría mucho después de su encarcelamiento inicial en Utah en 1976. Bundy se convirtió en una figura paterna para Molly, la hija de Kloepfer, que tenía 3 años cuando empezó a salir con su madre; permaneció en su vida hasta que ella tuvo 10 años, después de que él fuera detenido. Como adulta, Molly escribió sobre incidentes que comenzaron a la edad de 7 años en los que Bundy fue abusivo o sexualmente inapropiado con ella. Sus relatos incluyen golpes en la cara, derribos, riesgo de ahogamiento, exhibicionismo y tocamientos sexuales disfrazados de accidentes o "juegos".

A mediados de 1970, Bundy, ahora centrado y orientado hacia sus objetivos, volvió a matricularse en la UW, esta vez como estudiante de psicología. Se convirtió en un estudiante de honor y fue bien considerado por sus profesores. En 1971, aceptó un trabajo en el Centro de Crisis de la Línea Directa contra el Suicidio de Seattle. Allí conoció y trabajó junto a Ann Rule, una ex agente de policía de Seattle y aspirante a escritora de novelas policíacas que más tarde escribiría una de las biografías definitivas de Bundy, *El extraño a mi lado*. Rule no vio nada perturbador en la personalidad de Bundy en aquel momento; lo describió como "amable, solícito y empático".

Tras graduarse en la UW en 1972, Bundy se unió a la campaña de reelección del gobernador Daniel J. Evans. Haciéndose pasar por estudiante universitario, siguió de cerca al oponente de Evans, el ex gobernador Albert Rosellini, y grabó sus discursos para que los analizara el equipo de Evans. Evans nombró a Bundy miembro del Comité Asesor de Prevención del Delito de Seattle. Tras la reelección de Evans, Bundy fue contratado como ayudante de Ross Davis, presidente del Partido Republicano del Estado de Washington. Davis tenía buena opinión de Bundy y lo describió como "inteligente, agresivo... y un creyente en el sistema". A principios de 1973, a pesar de sus mediocres calificaciones en el LSAT, Bundy fue aceptado en las facultades de Derecho de la

UPS y la Universidad de Utah gracias a las cartas de recomendación de Evans, Davis y varios profesores de psicología de la UW.

Durante un viaje a California por asuntos del Partido Republicano en el verano de 1973, Bundy reavivó su relación con Edwards. Ella se maravilló de su transformación en un profesional serio y dedicado, aparentemente en la cúspide de una importante carrera jurídica y política. Bundy siguió saliendo con Kloepfer, pero ninguna de las dos mujeres sabía de la existencia de la otra. En otoño de 1973, se matriculó en la Facultad de Derecho de UPS y siguió cortejando a Edwards, que voló a Seattle varias veces para quedarse con él. Hablaron de matrimonio; en un momento dado, se la presentó a Davis como su prometida.

En enero de 1974, Bundy rompió bruscamente todo contacto con Edwards; sus llamadas telefónicas y cartas no fueron devueltas. Un mes más tarde, cuando por fin se puso en contacto con él por teléfono, le preguntó por qué había puesto fin a su relación unilateralmente y sin dar explicaciones. Diane, no tengo ni idea de lo que quieres decir", contestó él con voz llana y tranquila, y colgó. Ella no volvió a saber nada de él. Bundy explicó más tarde: "Sólo quería demostrarme a mí mismo que podría haberme casado con ella"; pero Edwards concluyó en retrospectiva que "el cortejo de alto poder de Ted en la última parte de 1973 había sido deliberadamente planeado, que había esperado todos esos años para estar en una posición en la que pudiera hacer que ella se enamorara de él, para poder dejarla, rechazarla, como ella lo había rechazado a él". Para entonces, Bundy había comenzado a faltar a clases en la escuela de leyes. En abril, habia dejado de asistir por completo, ya que las mujeres jovenes comenzaron a desaparecer en el noroeste del Pacifico.

Primeros asesinatos

No hay consenso sobre cuándo o dónde empezó Bundy a matar mujeres. Contó historias diferentes a personas diferentes y se negó a divulgar los detalles de sus primeros crímenes, aunque confesó con todo lujo de detalles docenas de asesinatos posteriores en los días previos a su ejecución. Le dijo a Nelson que intentó su primer secuestro en 1969 en Ocean City, pero que no mató a nadie hasta 1971 en Seattle. Le dijo al psicólogo Art Norman que había matado a dos mujeres en Atlantic City mientras visitaba a su familia en Filadelfia en 1969. Bundy insinuó al detective de homicidios Robert Keppel que cometió un asesinato en Seattle en 1972 y otro en 1973 en el que estuvo implicado un autoestopista cerca de Tumwater, pero se negó a dar más detalles. Tanto Rule como Keppel creían que podría haber empezado a matar cuando era adolescente. Los primeros homicidios documentados de Bundy se cometieron en 1974, cuando tenía 27 años. Según admitió él mismo, para entonces ya dominaba las técnicas necesarias -en la era anterior a los perfiles de ADN- para dejar las mínimas pruebas forenses incriminatorias en las escenas de los crímenes.

Una ola de asesinatos en los estados occidentales

Washington, Oregón

Poco después de la medianoche del 4 de enero de 1974, más o menos cuando puso fin a su relación con Edwards, Bundy entró en el apartamento del sótano de Karen Sparks, de 18 años (a menudo identificada como Joni Lenz, Mary Adams y Terri Caldwell en la literatura de Bundy), bailarina y estudiante de la UW en el distrito universitario de Seattle. Tras apalear a Sparks con una barra metálica del armazón de su cama, la agredió sexualmente con la misma barra causándole extensas lesiones internas y rompiéndole la vejiga. Permaneció inconsciente en el hospital durante diez días y, aunque sobrevivió, quedó con lesiones cerebrales permanentes y una importante pérdida de visión y audición. En la madrugada del 1 de febrero, Bundy irrumpió en la habitación del sótano de Lynda Ann Healy, de 21 años, estudiante de la UW que retransmitía por la radio los partes meteorológicos matinales para los esquiadores. La golpeó hasta dejarla inconsciente, la vistió con unos vaqueros, una blusa blanca y unas botas, y se la llevó. Bundy declaró que llevó a Healy a una zona aislada, donde la violó y asesinó antes de deshacerse de su cuerpo.

Durante la primera mitad de 1974, las estudiantes universitarias desaparecieron a razón de una por mes. El 12 de marzo, Donna Gail Manson, una estudiante de 19 años del Evergreen State College de Olympia, a 95 km al suroeste de Seattle, salió de su dormitorio para asistir a un concierto de jazz en el campus, pero nunca llegó. Bundy afirmó que quemó el cráneo de Manson en la chimenea de su novia "hasta la última ceniza" en "un arrebato de... paranoia y limpieza". El 17 de abril, Susan Elaine Rancourt, de 18 años, desapareció cuando se dirigía a su dormitorio tras una reunión nocturna de consejeros en el Central Washington State College de Ellensburg, a 175 km al sureste de Seattle. Más tarde, dos alumnas del Central Washington denunciaron haber tenido encuentros -una la noche de la desaparición de Rancourt y la otra tres noches antes- con un hombre que llevaba un cabestrillo y pedía ayuda para llevar una carga de libros a su Volkswagen Beetle marrón o tostado.

El 6 de mayo, Roberta Kathleen Parks, de 22 años, salió de su dormitorio en la Universidad Estatal de Oregón en Corvallis, a 420 km al sur de Seattle, para tomar un café con unos amigos en el Memorial Union, pero nunca llegó.

Bundy afirmó que vio a Parks en la cafetería y la convenció para que fuera con él a un bar. Cuando subieron a su coche, la ató y amordazó y la llevó de vuelta a Washington para matarla, violándola dos veces por el camino. Los investigadores de Seattle y el condado de King estaban cada vez más preocupados. No había pruebas físicas significativas, y las mujeres desaparecidas tenían poco en común, aparte de un aspecto similar: jóvenes, atractivas, estudiantes universitarias blancas con el pelo largo con raya en medio. El 1 de junio, Brenda Carol Ball, de 22 años, desapareció tras salir de la taberna Flame de Burien, cerca del aeropuerto internacional de Seattle-Tacoma. Fue vista por última vez en el aparcamiento, hablando con un hombre de pelo castaño que llevaba el brazo en cabestrillo. Bundy declaró que llevó a Ball a su domicilio, donde mantuvieron un encuentro sexual "consentido" antes de estrangularla mientras dormía, aunque esto no explicaba los daños causados en el cráneo.

En la madrugada del 11 de junio, Georgann Hawkins, estudiante de la UW de 18 años, desapareció mientras caminaba por un callejón muy iluminado entre la residencia universitaria de su novio y la casa de su hermandad. A la mañana siguiente, tres detectives de homicidios de Seattle y un criminalista peinaron todo el callejón a gatas, sin encontrar nada. Bundy dijo posteriormente a Keppel que atrajo a Hawkins hasta su coche y la dejó inconsciente con una palanca. Tras esposarla, la llevó a Issaquah, un suburbio a 30 km al este de Seattle, donde la estranguló y pasó toda la noche con su cuerpo. A la tarde siguiente regresó al callejón de la UW y, en plena investigación de la escena del crimen, localizó y recogió los pendientes de Hawkins y uno de sus zapatos donde los había dejado en el aparcamiento contiguo y se marchó, sin ser observado. "Fue una hazaña tan descarada", escribió Keppel, "que asombra a la policía incluso hoy". Bundy dijo que volvió a visitar el cadáver de Hawkins en tres ocasiones.

Tras hacerse pública la desaparición de Hawkins, varios testigos declararon haber visto a un hombre con muletas, una pierna escayolada y un maletín en un callejón detrás de una residencia cercana la noche de su desaparición. Una mujer recordó que el hombre le pidió que le ayudara a llevar el maletín hasta su coche, un Volkswagen Escarabajo de color marrón claro. Durante este periodo, Bundy trabajaba en Olympia como subdirector de la Comisión Asesora de Prevención del Delito de Seattle, donde escribió un folleto para mujeres sobre la prevención de violaciones. Más tarde, trabajó en el Departamento de Servicios de Emergencia (DES), una agencia del gobierno estatal implicada en la búsqueda de las mujeres desaparecidas. En el DES conoció y empezó a salir con Carole Ann Boone (1947-2018), madre de dos hijos y divorciada dos veces, que desempeñaría un papel importante en la fase final de su vida seis años más tarde.

Las noticias sobre el brutal ataque a Sparks y las seis mujeres desaparecidas aparecieron en los periódicos y la televisión de Washington y Oregón. El miedo se extendió entre la población y el número de mujeres jóvenes que hacían autostop disminuyó drásticamente. Aumentó la presión sobre las fuerzas del orden, pero la escasez de pruebas físicas las obstaculizó gravemente. La policía no facilitaba a los periodistas la poca información disponible por miedo a comprometer la investigación. Se observaron otras similitudes entre las víctimas: todas las desapariciones se produjeron por la noche, normalmente cerca de obras de construcción en curso, y en el plazo de una semana antes de los exámenes parciales o finales. Todas las víctimas llevaban pantalones de vestir o vaqueros cuando desaparecieron, y en muchas escenas del crimen se vio a un hombre con una escayola o un cabestrillo y que conducía un Volkswagen Escarabajo marrón o tostado.

Los asesinatos de Oregón y Washington culminaron el 14 de julio con el secuestro a plena luz del día de dos mujeres en una playa abarrotada del parque estatal del lago Sammamish, en Issaquah. Cuatro mujeres testigos describieron a un atractivo joven vestido con un conjunto de tenis blanco, con el brazo izquierdo en cabestrillo, que hablaba con un ligero acento, tal vez canadiense o británico. Se presentó como "Ted" y les pidió ayuda para descargar un velero de su Volkswagen Escarabajo color canela o bronce. Tres se negaron; uno le acompañó hasta su coche, vio que no había velero y huyó. Otros tres testigos le vieron acercarse con la historia del velero a Janice Ann Ott, de 23 años, trabajadora social del Tribunal de Menores del condado de King, y la vieron abandonar la playa en su compañía. Unas cuatro horas más tarde, Denise Marie Naslund, una joven de 19 años que estudiaba para programadora informática, salió de un picnic para ir al baño y nunca regresó. Bundy declaró a Stephen Michaud y al agente del FBI William Hagmaier que Ott seguía viva cuando regresó con Naslund y que obligó a una a mirar mientras asaltaba y asesinaba a la otra, pero más tarde lo negó en una entrevista con Lewis la víspera de su ejecución.

La policía del condado de King, que por fin disponía de una descripción detallada del sospechoso y de su coche, difundió folletos por toda la zona de Seattle. Se publicó un retrato robot en los periódicos regionales y se emitió en las televisiones locales. Kloepfer, Rule, un empleado del DES y un profesor de psicología de la UW reconocieron el perfil, el retrato robot y el coche, y señalaron a Bundy como posible sospechoso; pero los detectives, que recibían hasta 200 pistas al día, consideraron improbable que un estudiante de Derecho sin antecedentes penales pudiera ser el autor. El 6 de septiembre, dos cazadores de urogallos tropezaron con los restos óseos de Ott y Naslund cerca de una carretera de servicio en Issaquah, 3 km al este del parque estatal del lago Sammamish. Bundy identificó más tarde un fémur extra y varias vértebras encontradas en el lugar como las de Hawkins. Seis meses después, estudiantes de silvicultura del Green River Community College descubrieron los cráneos y mandíbulas de Healy, Rancourt, Parks y Ball en Taylor Mountain, donde Bundy practicaba senderismo con frecuencia, al este de Issaquah. Los restos de Manson nunca se recuperaron.

Idaho, Utah, Colorado

En agosto de 1974, Bundy fue aceptado por segunda vez en la Facultad de Derecho de la Universidad de Utah y se trasladó a Salt Lake City, dejando a Kloepfer en Seattle. Aunque llamaba a menudo a Kloepfer, salía con "al menos una docena" de otras mujeres. Cuando estudió por segunda vez el primer curso de Derecho, se sintió desolado al descubrir que los demás estudiantes "tenían algo, alguna capacidad intelectual", que él no tenía. Las clases le parecían totalmente incomprensibles. "Fue una gran decepción para mí", afirma. Al mes siguiente comenzó una nueva cadena de homicidios, entre ellos dos que permanecerían sin descubrir hasta que Bundy los confesó poco antes de su ejecución.

El 2 de septiembre, Bundy violó y estranguló a una autoestopista aún no identificada en Idaho, y volvió al día siguiente para fotografiar y descuartizar el cadáver antes de deshacerse de los restos en un río cercano. El 2 de octubre, secuestró a Nancy Wilcox, de 16 años, en Holladay, Utah, un suburbio de Salt Lake City. Bundy confesó que Wilcox caminaba por una "carretera principal" mal iluminada cuando aparcó su coche y la obligó a entrar en un huerto. Después la sujetó, la metió en su vehículo y condujo de vuelta a su apartamento, donde supuestamente la retuvo durante 24 horas. Bundy informó a los investigadores de que sus restos estaban enterrados cerca del Parque Nacional de Capitol Reef, a unos 320 km al sur de Holladay, pero nunca se encontraron.

El 18 de octubre, Melissa Anne Smith, de 17 años, hija del jefe de policía de Midvale, otro suburbio de Salt Lake City, desapareció tras salir de una pizzería hacia las 21.30 horas. Su cuerpo desnudo fue encontrado en una zona montañosa cercana nueve días después; el examen post mortem indicó que podría haber permanecido con vida hasta siete días después de su desaparición. El 31 de octubre, Laura Ann Aime, también de 17 años, desapareció 40 km al sur de Lehi tras salir sola de una fiesta de Halloween poco después de medianoche; se la vio por última vez intentando hacer autostop. El día de Acción de Gracias, unos excursionistas encontraron su cuerpo desnudo a 14 km al noreste, en el cañón American Fork. El forense estimó que Aime había muerto el 20 de noviembre, veinte días después de su desaparición. Tanto Smith como Aime habían sido golpeados, violados, sodomizados y estrangulados con medias de nailon. Años más tarde, Bundy describió sus rituales post mortem con los cadáveres de Smith y Aime, incluido el lavado del pelo con champú y la aplicación de maquillaje.

A última hora de la tarde del 8 de noviembre, Bundy se acercó a Carol DaRonch, telefonista de 18 años, en el centro comercial Fashion Place de Murray, a menos de un kilómetro y medio del restaurante de Midvale donde Smith fue visto por última vez. Se identificó como "Oficial Roseland" del Departamento de Policía de Murray y le dijo a DaRonch que alguien había intentado forzar su coche. Le pidió que le acompañara a comisaría para presentar una denuncia. Cuando DaRonch señaló a Bundy que conducía por una carretera que no conducía a la comisaría, éste se apartó inmediatamente al arcén e intentó esposarla. Durante el forcejeo, Bundy colocó inadvertidamente las dos esposas en la misma muñeca y DaRonch pudo abrir la puerta del coche y escapar.

Esa misma noche, Debra Jean Kent, una estudiante de 17 años del instituto Viewmont de Bountiful, 30 km al norte de Murray, desapareció tras salir de una representación teatral en el instituto para recoger a su hermano. El profesor de teatro de la escuela y un estudiante dijeron a la policía que "un desconocido" les había pedido a cada uno de ellos que salieran al aparcamiento para identificar un coche. Más tarde, otro alumno vio al mismo hombre paseándose por la parte trasera del auditorio, y el profesor de teatro volvió a verle poco antes del final de la obra. Fuera del auditorio, los investigadores encontraron una llave que abría las esposas quitadas de la muñeca de DaRonch. Finalmente, Bundy admitió haber secuestrado a Kent y haberla retenido en su apartamento durante un día, declarando que estuvo viva "durante la mitad del mismo".

En noviembre, Kloepfer llamó por segunda vez a la policía del condado de King tras leer que estaban desapareciendo mujeres jóvenes en pueblos de los alrededores de Salt Lake City. El detective Randy Hergesheimer, de la división de Delitos Graves, la entrevistó en detalle. Para entonces, Bundy había ascendido considerablemente en la jerarquía de sospechosos del condado de King, pero el testigo de Lake Sammamish considerado más fiable por los detectives no logró identificarle en una rueda de reconocimiento fotográfico. En diciembre, Kloepfer llamó a la oficina del sheriff del condado de Salt Lake y repitió sus sospechas. El nombre de Bundy fue añadido a su lista de sospechosos, pero en ese momento ninguna prueba forense creíble lo vinculaba a los crímenes de Utah. En enero de 1975,

Bundy regresó a Seattle tras sus exámenes finales y pasó una semana con Kloepfer, quien no le dijo que le había denunciado a la policía en tres ocasiones. Hizo planes para visitarle en Salt Lake City en agosto.

En 1975, Bundy trasladó gran parte de su actividad delictiva hacia el este, desde su base en Utah a Colorado. El 12 de enero, una enfermera titulada de 23 años llamada Caryn Eileen Campbell desapareció mientras caminaba por un pasillo bien iluminado entre el ascensor y su habitación en el Wildwood Inn (ahora Wildwood Lodge) de Snowmass Village, a 640 km al sureste de Salt Lake City. Su cuerpo desnudo fue encontrado un mes después junto a un camino de tierra a las afueras del complejo. Según el informe del forense, fue asesinada de un golpe en la cabeza con un objeto contundente que dejó en su cráneo unas marcas lineales; el agresor le había cortado el lóbulo de la oreja izquierda y su cuerpo también presentaba cortes profundos producidos por un arma afilada.

El 15 de marzo, a 160 km al noreste de Snowmass, la instructora de esquí de Vail Julie Lyle Cunningham, de 26 años, desapareció mientras caminaba desde su apartamento hacia una cita para cenar con un amigo. Bundy declaró posteriormente a los investigadores de Colorado que se acercó a Cunningham con muletas y le pidió que le ayudara a llevar sus botas de esquí hasta su coche, donde la golpeó y esposó antes de agredirla sexualmente en un lugar secundario cerca de Rifle, a 140 km al oeste de Vail. Semanas después, hizo el viaje de seis horas desde Salt Lake City para volver a visitar sus restos.

Denise Lynn Oliverson, de 25 años, desapareció cerca de la frontera entre Utah y Colorado, en Grand Junction, el 6 de abril mientras iba en bicicleta a casa de sus padres; su bicicleta y sus sandalias fueron encontradas bajo un viaducto cerca de un puente ferroviario. Bundy declaró que secuestró a Oliverson, la mató en su coche cerca de la frontera estatal de Utah y arrojó su cadáver al río Colorado. Esta confesión estaba respaldada por los recibos de la gasolina, que demostraban que estuvo en la ciudad el mismo día en que Oliverson desapareció. El 6 de mayo, Bundy aparcó frente a la Alameda Junior High School de Pocatello (Idaho), a 255 km al norte de Salt Lake City, y, tras ver a Lynette Dawn Culver, de 12 años, caminando sola, la introdujo en su vehículo antes de llevarla a su habitación del hotel Holiday Inn. A continuación violó a Culver y la ahogó en la bañera. Se deshizo del cadáver en el río Snake, al norte de Pocatello. Bundy proporcionó detalles íntimos sobre la vida personal de Lynette en su confesión.

A mediados de mayo, tres compañeros de trabajo de Bundy en el Washington State DES, entre ellos Boone, le visitaron en Salt Lake City y se quedaron una semana en su apartamento. Posteriormente, pasó una semana en Seattle con Kloepfer a principios de junio y hablaron de casarse las Navidades siguientes. Una vez más, Kloepfer no mencionó sus múltiples conversaciones con las autoridades del condado de King y del condado de Salt Lake. Bundy no reveló ni su relación con Boone ni su romance con una estudiante de Derecho de Utah (conocida como Kim Andrews o Sharon Auer).

El 28 de junio, Susan Curtis, de 15 años, desapareció del campus de la Universidad Brigham Young de Provo, a 70 km al sur de Salt Lake City. Su asesinato se convirtió en la última confesión de Bundy, grabada momentos antes de entrar en la cámara de ejecución. Los cuerpos de las víctimas Wilcox, Kent, Cunningham, Oliverson, Culver y Curtis nunca se recuperaron. En agosto de 1975, Bundy fue bautizado en la Iglesia de Jesucristo de los Santos de los Últimos Días, aunque no participaba activamente en los servicios e ignoraba la mayoría de las restricciones eclesiásticas. Más tarde sería excomulgado por la Iglesia de los Santos de los Últimos Días tras su condena por secuestro en 1976. Cuando le preguntaron por su religión tras su detención, Bundy respondió "metodista", la religión de su infancia.

En el estado de Washington, los investigadores seguían esforzándose por analizar la oleada de asesinatos del noroeste del Pacífico que había terminado tan abruptamente como había empezado. En un esfuerzo por dar sentido a una abrumadora masa de datos, recurrieron a la entonces innovadora estrategia de compilar una base de datos. Utilizaron el ordenador de nóminas del condado de King, una "máquina enorme y primitiva" para los estándares contemporáneos, pero la única disponible para su uso. Tras introducir las numerosas listas que habían recopilado -compañeros y conocidos de cada víctima, propietarios de Volkswagen llamados "Ted", delincuentes sexuales conocidos, etc.-, consultaron el ordenador en busca de coincidencias. De miles de nombres, 26 aparecieron en cuatro listas; uno era Bundy. Los detectives también compilaron manualmente una lista de sus 100 "mejores" sospechosos, y Bundy también estaba en esa lista. Estaba "literalmente en lo más alto" de la lista de sospechosos cuando llegó de Utah la noticia de su detención.

Detención y primer juicio

El 16 de agosto de 1975, Bundy fue detenido por Bob Hayward, agente de la Patrulla de Carreteras de Utah, en Granger, otro suburbio de Salt Lake City. Hayward observó a Bundy cruzando una zona residencial en su Volkswagen Escarabajo durante las horas previas al amanecer, y huyendo a gran velocidad después de ver el coche patrulla. Se dio cuenta de que el asiento delantero del pasajero del Volkswagen había sido retirado y colocado en los asientos traseros, y registró el coche. Encontró un pasamontañas, un segundo pasamontañas hecho con medias, una palanca, esposas, bolsas de basura, un rollo de cuerda, un punzón y otros objetos que en principio se consideraron herramientas para robar. Bundy explicó que el pasamontañas era para esquiar, que había encontrado las esposas en un contenedor de basura y que el resto eran artículos domésticos comunes. Sin embargo, el detective Jerry Thompson recordó una descripción similar del sospechoso y del coche del secuestro de DaRonch en noviembre de 1974, y el nombre de Bundy de la llamada telefónica de Kloepfer un mes después. En un registro del apartamento de Bundy, la policía encontró una guía de estaciones de esquí de

Colorado con una marca de verificación junto al Wildwood Inn, y un folleto que anunciaba la obra de teatro del instituto Viewmont en Bountiful, donde Kent había desaparecido. La policía no tenía pruebas suficientes para detener a Bundy, por lo que fue puesto en libertad bajo fianza. Más tarde, Bundy declaró que los buscadores habían pasado por alto una colección oculta de fotografías Polaroid de sus víctimas, que destruyó tras ser puesto en libertad.

La policía de Salt Lake City puso a Bundy bajo vigilancia las 24 horas del día, y Thompson voló a Seattle con otros dos detectives para entrevistar a Kloepfer. Ella les dijo que en el año anterior al traslado de Bundy a Utah, había descubierto objetos que "no podía entender" en su casa y en el apartamento de Bundy. Entre estos objetos se encontraban muletas, una bolsa de yeso de París que él admitió haber robado de una casa de suministros médicos, y un cuchillo de carnicero que nunca se utilizó para cocinar. Otros objetos eran guantes quirúrgicos, un cuchillo oriental en un estuche de madera que guardaba en la guantera y un saco lleno de ropa de mujer. Bundy estaba siempre endeudado y Kloepfer sospechaba que había robado casi todo lo que poseía de valor. Cuando se enfrentó a él por un televisor y un equipo de música nuevos, le advirtió: "Si se lo cuentas a alguien, te rompo el puto cuello". Dijo que Bundy se "enfadaba mucho" cada vez que ella pensaba en cortarse el pelo, que era largo y con raya en medio. A veces se despertaba en mitad de la noche y lo encontraba bajo las sábanas con una linterna, examinando su cuerpo. En el maletero de su coche -otro Volkswagen Escarabajo, que a menudo tomaba prestado- guardaba una llave inglesa, pegada con cinta adhesiva hasta la mitad del mango, "por protección". Los detectives confirmaron que Bundy no había estado con Kloepfer ninguna de las noches en que desaparecieron las víctimas del noroeste del Pacífico, ni el día en que Ott y Naslund fueron secuestrados en el parque estatal del lago Sammamish. Poco después, Kloepfer fue entrevistado por la detective de homicidios de Seattle Kathy McChesney, y se enteró de la existencia de Diane Edwards y de su breve noviazgo con Bundy alrededor de la Navidad de 1973.

En septiembre, Bundy vendió su Volkswagen Escarabajo a un adolescente de Midvale. La policía de Utah lo confiscó y los técnicos del FBI lo desmontaron y registraron. Encontraron cabellos que coincidían con las muestras obtenidas del cadáver de Campbell. Posteriormente, también identificaron mechones de pelo "microscópicamente indistinguibles" de los de Smith y DaRonch. Robert Neill, especialista de laboratorio del FBI, concluyó que la presencia de mechones de pelo en un coche que correspondían a tres víctimas distintas que nunca se habían visto sería "una coincidencia de una rareza alucinante".

El 2 de octubre, los detectives pusieron a Bundy en una rueda de reconocimiento. DaRonch le identificó inmediatamente como el "agente Roseland", y los testigos de Bountiful le reconocieron como el desconocido del auditorio del instituto Viewmont. No había pruebas suficientes para relacionarle con Kent, cuyo cadáver aún no se había encontrado, pero sí más que suficientes para acusarle de secuestro con agravantes e intento de agresión criminal en el caso DaRonch. Quedó en libertad bajo fianza de 15.000 dólares, pagada por sus padres, y pasó la mayor parte del tiempo entre la acusación y el juicio en Seattle, viviendo en casa de Kloepfer. La policía de Seattle no tenía pruebas suficientes para acusarle de los asesinatos del noroeste del Pacífico, pero le mantuvo bajo estrecha vigilancia. "Cuando Ted y yo salíamos al porche para ir a algún sitio", escribió Kloepfer, "arrancaban tantos coches de policía sin marcas que parecía el comienzo de la Indy 500".

En noviembre, los tres principales investigadores de Bundy -Jerry Thompson, de Utah, Robert Keppel, de Washington, y Michael Fisher, de Colorado- se reunieron en Aspen, Colorado, e intercambiaron información con treinta detectives y fiscales de cinco estados. Aunque los funcionarios salieron de la reunión, que más tarde se denominó la Cumbre de Aspen, convencidos de que Bundy era el asesino que buscaban, acordaron que se necesitarían más pruebas sólidas antes de que pudiera ser acusado de cualquiera de los asesinatos.

En febrero de 1976, Bundy fue juzgado por el secuestro de DaRonch. Por consejo de su abogado, John O'Connell, renunció a su derecho a un jurado debido a la publicidad negativa que rodeaba el caso. Tras cuatro días de juicio sin jurado y un fin de semana de deliberaciones, el juez Stewart Hanson Jr. lo declaró culpable de secuestro y agresión. En junio, fue condenado a una pena de uno a 15 años en la prisión estatal de Utah. En octubre, se le encontró escondido entre los arbustos del patio de la prisión con un "kit de fuga" -mapas de carreteras, horarios de vuelos y una tarjeta de la seguridad social- y pasó varias semanas en régimen de aislamiento. Ese mismo mes, las autoridades de Colorado le acusaron del asesinato de Campbell. Tras un periodo de resistencia, renunció al procedimiento de extradición y fue trasladado a Aspen en enero de 1977.

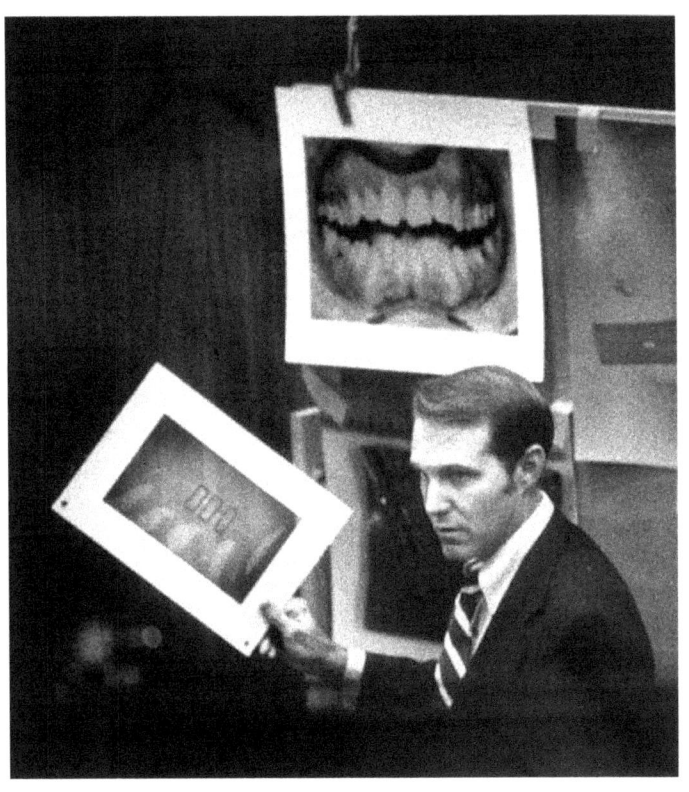

Escapa

El 7 de junio de 1977, Bundy fue transportado 64 km desde la cárcel del condado de Garfield, en Glenwood Springs, al juzgado del condado de Pitkin, en Aspen, para una vista preliminar. Él había elegido para servir como su propio abogado, y como tal, fue excusado por el juez de llevar esposas o grilletes en las piernas. Durante un receso, pidió visitar la biblioteca jurídica del tribunal para investigar su caso. Protegido de la vista de sus guardias tras una estantería, abrió una ventana y saltó al suelo desde el segundo piso, lesionándose el tobillo derecho al aterrizar.

Después de despojarse de una capa exterior de ropa, Bundy atravesó cojeando Aspen mientras se establecían controles de carretera en sus afueras, y luego caminó hacia el sur hasta la montaña de Aspen. Cerca de su cima irrumpió en una cabaña de caza y robó comida, ropa y un rifle. Al día siguiente, abandonó la cabaña y continuó hacia el sur, en dirección a la ciudad de Crested Butte, pero se perdió en el bosque. Durante dos días deambuló sin rumbo por la montaña, sin encontrar dos senderos que le llevaban a su destino previsto. El 10 de junio, entró en una caravana de acampada en Maroon Lake, 16 km al sur de Aspen, y se llevó comida y una chaqueta de esquí; sin embargo, en lugar de seguir hacia el sur, regresó hacia el norte, en dirección a Aspen, eludiendo controles de carretera y patrullas de búsqueda por el camino. Tres días después, robó un coche al borde del campo de golf de Aspen. Frío, sin dormir y con un dolor constante en el tobillo, Bundy volvió a Aspen, donde dos policías se dieron cuenta de que su coche se salía de su carril y lo pararon. Llevaba seis días fugitivo. En el coche había mapas de la zona montañosa alrededor de Aspen que los fiscales estaban utilizando para demostrar la ubicación del cuerpo de Campbell (como su propio abogado, Bundy tenía derechos de descubrimiento), lo que indica que su fuga había sido planeada.

De vuelta a la cárcel de Glenwood Springs, Bundy hizo caso omiso de los consejos de sus amigos y asesores legales. El caso contra él, ya débil en el mejor de los casos, se deterioraba constantemente a medida que las mociones previas al juicio se resolvían a su favor y se declaraban inadmisibles importantes pruebas. "Un acusado más racional podría haberse dado cuenta de que tenía muchas posibilidades de ser absuelto, y que vencer la acusación de asesinato en Colorado probablemente habría disuadido a otros fiscales... con tan sólo un año y medio por cumplir de la condena de DaRonch, si Ted hubiera perseverado, podría haber sido un hombre libre". En cambio, Bundy montó un nuevo plan de escape. Adquirió un plano detallado de la cárcel del condado de Garfield y una hoja de sierra de otros reclusos. Acumuló

500 dólares en efectivo, introducidos de contrabando durante seis meses por visitantes, Boone en particular. Por las noches, mientras otros presos se duchaban, hizo un agujero de 0,093 m entre las barras de acero del techo de su celda. Después de perder 16 kg, pudo escurrirse por el agujero y explorar el espacio superior en las semanas siguientes. No se investigaron los múltiples informes de un informante sobre movimientos en el techo durante la noche.

A finales de 1977, el inminente juicio de Bundy se había convertido en una *causa célebre* en la pequeña ciudad de Aspen, y Bundy presentó una moción para un cambio de sede a Denver. El 23 de diciembre, el juez de primera instancia de Aspen accedió a la petición, pero a Colorado Springs, donde los jurados habían sido históricamente hostiles a los sospechosos de asesinato. La noche del 30 de diciembre, con la mayor parte del personal de la cárcel de vacaciones de Navidad y los presos no violentos de permiso con sus familias, Bundy amontonó libros y archivos en su cama, los cubrió con una manta para simular su cuerpo dormido y se metió en el sótano. Se metió por el techo en el apartamento del carcelero jefe, que había salido por la noche con su mujer, se puso ropa de calle del armario del carcelero y salió por la puerta principal hacia la libertad.

Tras robar un coche, Bundy se dirigió hacia el este, saliendo de Glenwood Springs, pero pronto el coche se averió en las montañas, en la interestatal 70. Un automovilista que pasaba por allí le llevó hasta Vail, a 97 km al este. Un automovilista que pasaba por allí le llevó a Vail, a 97 km al este. Desde allí tomó un autobús a Denver, donde embarcó en un vuelo matutino a Chicago. De vuelta en Glenwood Springs, el equipo de la cárcel no descubrió la fuga hasta el mediodía del 31 de diciembre, más de diecisiete horas después. Para entonces, Bundy ya estaba en Chicago.

Asesinatos en Florida y nueva detención

Desde Chicago, Bundy viajó en tren a Ann Arbor, Michigan, donde se presentó en una taberna local el 2 de enero. Cinco días después, robó un coche y condujo hacia el sur, hasta Atlanta, donde subió a un autobús y llegó a Tallahassee, Florida, la mañana del 8 de enero. Se alojó una noche en un hotel antes de alquilar una habitación con el alias de Chris Hagen en una pensión cercana al campus de la Universidad Estatal de Florida (FSU). Bundy declaró posteriormente que, en un principio, se había propuesto encontrar un empleo legal y abstenerse de seguir delinquiendo, sabiendo que probablemente podría permanecer libre y sin ser detectado en Florida indefinidamente mientras no atrajera la atención de la policía; pero su única solicitud de empleo, en una obra de construcción, tuvo que ser abandonada cuando le pidieron que presentara un documento de identidad. Volvió a sus viejos hábitos de hurtar en tiendas y robar dinero y tarjetas de crédito de las carteras de las mujeres que dejaba en los carritos de la compra de los supermercados locales.

En la madrugada del 15 de enero de 1978, una semana después de su llegada a Tallahassee, Bundy entró en la casa de la hermandad Chi Omega de la FSU por una puerta trasera con un mecanismo de cierre defectuoso. Sobre las 2:45 de la madrugada, apaleó a Margaret Elizabeth Bowman, de 21 años, con un trozo de leña de roble mientras dormía, y luego la estranguló con una media de nailon. A continuación, entró en el dormitorio de Lisa Janet Levy, de 20 años, y la golpeó hasta dejarla inconsciente, la estranguló, le desgarró uno de los pezones, le mordió profundamente la nalga izquierda y la agredió sexualmente con un bote de vaporizador para el pelo. En un dormitorio contiguo atacó a Kathy Kleiner, de 21 años, rompiéndole la mandíbula y lacerándole profundamente el hombro; y a Karen Chandler, de 21 años, que sufrió conmoción cerebral, fractura de mandíbula, pérdida de dientes y aplastamiento de un dedo. Chandler y Kleiner sobrevivieron al ataque; Kleiner atribuyó su supervivencia a que los faros de un automóvil iluminaron el interior de su habitación y ahuyentaron al agresor.

Los detectives de Tallahassee determinaron que los cuatro ataques se produjeron en un total de menos de 15 minutos, al alcance del oído de más de 30 testigos que no oyeron nada. Tras abandonar la casa de la hermandad, Bundy irrumpió en el sótano de un apartamento situado a ocho manzanas de distancia y atacó a Cheryl Thomas, estudiante de la FSU de 21 años, dislocándole el hombro y fracturándole la mandíbula y el cráneo por cinco sitios. Sufrió una sordera permanente y daños en el equilibrio que pusieron fin a su carrera como bailarina. En la cama de Thomas, la policía encontró una mancha de semen y una "máscara" de pantimedias que contenía dos pelos "similares a los de Bundy en clase y características".

El 8 de febrero, Bundy condujo 240 km (150 millas) hacia el este, hasta Jacksonville, en una furgoneta robada de la FSU. En un aparcamiento se acercó a Leslie Parmenter, de 14 años, hija del jefe de detectives del Departamento de Policía de Jacksonville, identificándose como "Richard Burton, Departamento de Bomberos", pero se retiró cuando llegó el hermano mayor de Parmenter y se enfrentó a él. Esa tarde, retrocedió 97 km (60 millas) hacia el oeste, hasta Lake City. A la mañana siguiente, en el instituto Lake City Junior High School, Kimberly Dianne Leach, de 12 años, fue llamada por un profesor para que fuera a su clase a recoger un bolso olvidado; nunca volvió a clase. Siete semanas después, tras una intensa búsqueda, se encontraron sus restos parcialmente momificados en una nave de cría de cerdos cerca del Parque Estatal del Río Suwannee, a 56 km al noroeste de Lake City. Los expertos forenses supusieron que Leach había sido violada antes de ser degollada y sus genitales mutilados con un cuchillo.

El 12 de febrero, sin dinero suficiente para pagar el alquiler atrasado y con la creciente sospecha de que la policía le estaba cercando, Bundy robó un coche y huyó de Tallahassee, conduciendo hacia el oeste a través del Panhandle de Florida. Tres días más tarde, hacia la 1 de la madrugada, fue detenido por David Lee, agente de policía de Pensacola, cerca de la frontera con Alabama, después de que un control de "busca y captura" demostrara que su Volkswagen Beetle era robado. Cuando le dijeron que estaba detenido, Bundy le dio una patada en las piernas a Lee y echó a correr. Lee efectuó dos disparos de advertencia, le persiguió y le abordó. Ambos forcejearon por la pistola de Lee antes de que el agente finalmente sometiera y detuviera a Bundy. En el vehículo robado había tres juegos de documentos de identidad pertenecientes a estudiantes de la FSU, 21 tarjetas de crédito robadas y un televisor robado. También se encontraron un par de gafas sin graduar de montura oscura y un par de pantalones a cuadros, identificados más tarde como el disfraz que llevaba "Richard Burton, Departamento de Bomberos" en Jacksonville. Mientras Lee transportaba a su sospechoso a la cárcel, sin saber que acababa de detener a uno de los diez fugitivos más buscados por el FBI, oyó decir a Bundy: "Ojalá me hubieras matado".

Juicios posteriores, matrimonio

Tras un cambio de sede a Miami, Bundy fue juzgado por los homicidios y agresiones de Chi Omega en junio de 1979. El juicio fue cubierto por 250 periodistas de los cinco continentes y fue el primero en ser televisado a nivel nacional en Estados Unidos. A pesar de la presencia de cinco abogados de oficio, Bundy volvió a ocuparse de gran parte de su propia defensa. Desde el principio, "saboteó todo el esfuerzo de la defensa por despecho, desconfianza y delirio grandioso", escribió Nelson más tarde. "Ted [se enfrentaba] a cargos de asesinato, con una posible sentencia de muerte, y lo único que le importaba aparentemente era estar al mando".

Según Mike Minerva, abogado de oficio de Tallahassee y miembro del equipo de defensa, se negoció un acuerdo previo al juicio por el que Bundy se declararía culpable de matar a Levy, Bowman y Leach a cambio de una condena firme de 75 años de prisión. Los fiscales estaban dispuestos a un acuerdo, según un relato, porque "las perspectivas de perder en el juicio eran muy buenas." Bundy, por su parte, veía el acuerdo no sólo como un medio de evitar la pena de muerte, sino también como un "movimiento táctico": podía declararse culpable y esperar unos años a que las pruebas se desintegraran o se perdieran y a que los testigos murieran, siguieran adelante o se retractaran de su testimonio. Una vez que el caso contra él se hubiera deteriorado sin remedio, podría presentar una moción posterior a la condena para anular la declaración y conseguir la absolución. Sin embargo, en el último momento, Bundy rechazó el trato. "Se dio cuenta de que iba a tener que presentarse ante todo el mundo y decir que era culpable", dijo Minerva. "Simplemente no pudo hacerlo".

En el juicio, fueron cruciales los testimonios de Connie Hastings, miembro de la hermandad Chi Omega, que situó a Bundy en las inmediaciones de la casa de la hermandad esa noche, y de Nita Neary, que le vio salir de la casa empuñando el arma homicida. Entre las pruebas físicas incriminatorias figuraban las impresiones de las mordeduras que Bundy había infligido en la nalga izquierda de Levy, que los odontólogos forenses Richard Souviron y Lowell Levine cotejaron con moldes de los dientes de Bundy. El jurado deliberó durante menos de siete horas antes de condenar a Bundy el 24 de julio de 1979 por los asesinatos de Bowman y Levy, tres cargos de intento de asesinato en primer grado por las agresiones a Kleiner, Chandler y Thomas y dos cargos de robo con allanamiento de morada. El juez Edward Cowart impuso penas de muerte por las condenas de asesinato.

Seis meses después, se celebró un segundo juicio en Orlando por el secuestro y asesinato de Leach. Bundy fue declarado culpable una vez más, tras menos de ocho horas de deliberación, debido principalmente al testimonio de un testigo ocular que le vio conducir a Leach desde el patio del colegio hasta su furgoneta robada. Entre las pruebas materiales importantes figuraban fibras de ropa con un inusual error de fabricación, encontradas en la furgoneta y en el cuerpo de Leach, que coincidían con fibras de la chaqueta que Bundy llevaba puesta cuando fue detenido.

Durante la fase penal del juicio de Leach, Bundy se aprovechó de una oscura ley de Florida que establecía que una declaración de matrimonio ante un tribunal, en presencia de un juez, constituía un matrimonio legal. Mientras interrogaba a Boone -que se había trasladado a Florida para estar cerca de Bundy, había testificado a su favor en ambos juicios y volvía a hacerlo como testigo- le pidió que se casara con él. Ella aceptó y Bundy declaró ante el tribunal que estaban legalmente casados.

El 10 de febrero de 1980, Bundy fue condenado por tercera vez a morir electrocutado. Al anunciarse la sentencia, al parecer se puso en pie y gritó: "¡Dile al jurado que se equivocó!". Esta tercera sentencia de muerte sería la que finalmente se llevaría a cabo casi nueve años después. El 24 de octubre de 1982, Boone dio a luz a una hija, Rose Bundy. Aunque las visitas conyugales no estaban permitidas en la prisión estatal de Florida en Raiford, donde Bundy estaba encarcelado, se sabía que los reclusos reunían su dinero para sobornar a los guardias y que les permitieran pasar tiempo a solas con sus visitantes femeninas.

Corredor de la muerte, confesiones y ejecución

Poco después de la conclusión del juicio de Leach y el comienzo del largo proceso de apelación que siguió, Bundy inició una serie de entrevistas con Stephen Michaud y Hugh Aynesworth. Hablando sobre todo en tercera persona para evitar "el estigma de la confesión", empezó por primera vez a divulgar detalles de sus crímenes y procesos de pensamiento. Bundy relató su carrera como ladrón, confirmando la sospecha que Kloepfer tenía desde hacía tiempo de que había robado prácticamente todo lo que poseía. "La gran recompensa para mí", dijo, "era poseer realmente lo que había robado. Realmente disfrutaba teniendo algo... que había querido y había salido a coger". La posesión también resultó ser un motivo importante para la violación y el asesinato. La agresión sexual, dijo, satisfacía su necesidad de "poseer totalmente" a sus víctimas. Al principio, mataba a sus víctimas "por conveniencia... para eliminar la posibilidad de [ser] atrapado"; pero más tarde, el asesinato se convirtió en parte de la "aventura". "La posesión final era, de hecho, quitar la vida", dijo. "Y después... la posesión física de los restos".

Bundy también confió en el agente especial William Hagmaier, de la Unidad de Análisis del Comportamiento del FBI. A Hagmaier le llamó la atención la "profunda satisfacción, casi mística", que Bundy sentía por el asesinato. "Dijo que después de un tiempo, el asesinato no es sólo un crimen de lujuria o violencia", relató Hagmaier. "Se convierte en posesión. Forman parte de ti... [la víctima] se convierte en parte de ti, y vosotros [los dos] sois uno para siempre... y los terrenos donde los matas o los dejas se convierten en sagrados para ti, y siempre volverás a ellos". Bundy dijo a Hagmaier que se consideraba a sí mismo un "aficionado", un asesino "impulsivo" en sus primeros años, antes de pasar a lo que él denominaba su fase "primaria" o "depredadora" aproximadamente en el momento del asesinato de Healy en 1974. Esto implica que empezó a matar mucho antes de 1974, aunque nunca admitió explícitamente haberlo hecho.

En julio de 1984, los guardias de la prisión encontraron dos hojas de sierra escondidas en la celda de Bundy. Una barra de acero de una de las ventanas de la celda había sido serrada completamente por arriba y por abajo y pegada en su sitio con un adhesivo casero a base de jabón. Varios meses después, los guardias encontraron un espejo no autorizado y Bundy fue trasladado a otra celda. Poco después, fue acusado de una infracción disciplinaria por mantener correspondencia no autorizada con otro delincuente de alto perfil, John Hinckley Jr.

En octubre de 1984, Bundy se puso en contacto con Keppel y le ofreció compartir su autoproclamada experiencia en psicología de asesinos en serie en la caza en curso en Washington del "Asesino de Green River", más tarde identificado como Gary Ridgway. Keppel y Dave Reichert, detective de Green River Task Force, entrevistaron a Bundy, pero Ridgway siguió prófugo durante otros diecisiete años. Keppel publicó una documentación detallada de las entrevistas de Green River, y más tarde colaboró con Michaud en otro examen del material de las entrevistas.

A principios de 1986, se fijó la fecha de ejecución (4 de marzo) de las condenas de Chi Omega; el Tribunal Supremo de Estados Unidos dictó una breve suspensión, pero la ejecución se reprogramó rápidamente. En abril, poco después de que se anunciara la nueva fecha (2 de julio), Bundy confesó finalmente a Hagmaier y Nelson lo que ellos creían que era toda la gama de sus depredaciones, incluidos detalles de lo que hizo a algunas de sus víctimas después de su muerte. Les dijo que volvía a visitar Taylor Mountain, Issaquah y otros lugares de crímenes secundarios, a menudo varias veces, para yacer con sus víctimas y realizar actos sexuales con sus cuerpos hasta que la putrefacción le obligaba a detenerse. En algunos casos, conducía durante varias horas en cada sentido y permanecía toda la noche. En Utah, maquilló el rostro sin vida de Smith y lavó repetidamente el pelo de Aime. "Si tienes tiempo", le dijo a Hagmaier, "pueden ser lo que quieras que sean". Decapitó a aproximadamente doce de sus víctimas con una sierra para metales, y guardó al menos un grupo de cabezas cortadas - probablemente las cuatro que se encontraron más tarde en Taylor Mountain (Rancourt, Parks, Ball y Healy)- en su apartamento durante un tiempo antes de deshacerse de ellas.

Menos de quince horas antes de la ejecución programada para el 2 de julio, el Tribunal de Apelaciones del Undécimo Circuito la suspendió indefinidamente y devolvió el caso Chi Omega para su revisión por múltiples tecnicismos -incluida la competencia mental de Bundy para ser juzgado y una instrucción errónea del juez durante la fase de la pena que obligaba al jurado a desempatar 6-6 entre cadena perpetua y pena de muerte- que, en última instancia, nunca se resolvieron. Se fijó entonces una nueva fecha (18 de noviembre) para ejecutar la sentencia de Leach; el Tribunal del Undécimo Circuito dictó una suspensión el 17 de noviembre. A mediados de 1988, el Undécimo Circuito falló en contra de Bundy y, en diciembre, el Tribunal Supremo denegó una moción para revisar el fallo por encima de los disensos de los jueces Thurgood Marshall y William J.

Brennan Jr. Pocas horas después de esa denegación final, se anunció la fecha firme de ejecución: el 24 de enero de 1989. El recorrido de Bundy por los tribunales de apelación había sido inusualmente rápido para un caso de asesinato: "Contrariamente a la creencia popular, los tribunales movieron a Bundy tan rápido como pudieron... Incluso los fiscales reconocieron que los abogados de Bundy nunca emplearon tácticas dilatorias. Aunque la gente en todas partes se enfureció por el aparente retraso en la ejecución del archidemonio, Ted Bundy estaba en realidad en la vía rápida."

Con todas las vías de recurso agotadas y sin más motivación para negar sus crímenes, Bundy accedió a hablar francamente con los investigadores. Confesó a Keppel que había cometido los ocho homicidios de Washington y Oregón de los que era el principal sospechoso. Describió a otras tres víctimas desconocidas hasta entonces en Washington y a dos en Oregón, a las que se negó a identificar si es que alguna vez llegó a conocer sus identidades. Dijo que dejó un quinto cadáver -el de Manson- en Taylor Mountain, pero que incineró su cabeza en la chimenea de Kloepfer. "Describió la escena del crimen de Issaquah [donde se encontraron los huesos de Ott, Naslund y Hawkins], y fue casi como si estuviera allí", dijo Keppel. "Como si lo estuviera viendo todo. Se encaprichó de la idea porque pasó mucho tiempo allí. Estaba totalmente obsesionado con el asesinato". Las impresiones de Nelson fueron similares: "Lo que me dejó atónita fue la absoluta misoginia de sus crímenes", escribió, "su manifiesta rabia contra las mujeres. No tenía compasión alguna... estaba totalmente absorto en los detalles. Sus asesinatos eran los logros de su vida".

Bundy confesó a detectives de Idaho, Utah y Colorado que había cometido numerosos homicidios adicionales, entre ellos varios desconocidos para la policía. Explicó que cuando estaba en Utah podía llevar a sus víctimas a su apartamento, "donde podía recrear escenarios representados en las portadas de las revistas de detectives". Pronto se hizo evidente una nueva estrategia: ocultó muchos detalles, con la esperanza de que la información incompleta se tradujera en otro aplazamiento de la ejecución. "Hay otros restos enterrados en Colorado", admitió, pero se negó a dar más detalles. La nueva estrategia, bautizada de inmediato como "el plan de los huesos de Ted a cambio de tiempo", sólo sirvió para reforzar la determinación de las autoridades de que Bundy fuera ejecutado en la fecha prevista, y aportó poca información nueva y detallada. En los casos en que dio detalles, no se encontró nada. El detective de Colorado Matt Lindvall interpretó esto como un conflicto entre su deseo de posponer su ejecución divulgando información y su necesidad de permanecer en "posesión total: la única persona que conocía los verdaderos lugares de descanso de sus víctimas".

Cuando quedó claro que los tribunales no concederían más aplazamientos, los partidarios de Bundy empezaron a presionar para conseguir la única opción que les quedaba: la clemencia ejecutiva. Diana Weiner, una joven abogada de Florida y el último supuesto interés amoroso de Bundy, pidió a las familias de varias víctimas de Colorado y Utah que solicitaran al gobernador de Florida, Bob Martínez, un aplazamiento para dar tiempo a Bundy a revelar más información. Todos se negaron. "Las familias ya creían que las víctimas estaban muertas y que Ted las había matado", escribió Nelson. "No necesitaban su confesión". Martínez dejó claro que no aceptaría más retrasos en ningún caso. "No vamos a permitir que se manipule el sistema", dijo a los periodistas. "Que esté negociando por su vida sobre los cuerpos de las víctimas es despreciable".

Boone había defendido la inocencia de Bundy durante todos sus juicios y se sintió "profundamente traicionada" por su admisión de que, de hecho, era culpable. Volvió a Washington con su hija y se negó a aceptar su llamada telefónica la mañana de su ejecución. "Estaba dolida por su relación con Diana [Weiner]", escribió Nelson, "y devastada por sus repentinas confesiones al por mayor en sus últimos días". Hagmaier estuvo presente en las últimas entrevistas de Bundy con los investigadores. En la víspera de su ejecución, habló de suicidio. "No quería dar al Estado la satisfacción de verle morir", dijo Hagmaier.

Bundy fue ejecutado en la silla eléctrica de Raiford a las 7:16 a.m. EST del martes 24 de enero de 1989. Sus últimas palabras fueron dirigidas a su abogado Jim Coleman y al ministro metodista Fred Lawrence: "Jim y Fred, me gustaría que dierais mi amor a mi familia y amigos". Cientos de juerguistas cantaron, bailaron y lanzaron fuegos artificiales en un prado frente a la prisión mientras se llevaba a cabo la ejecución, y luego vitorearon cuando el coche fúnebre blanco con el cadáver de Bundy salió de la prisión. Fue incinerado en Gainesville y sus cenizas se esparcieron en un lugar no revelado de la cordillera Cascade, en el estado de Washington, de acuerdo con su testamento.

Modus operandi y perfiles de las víctimas

Bundy era un delincuente inusualmente organizado y calculador que utilizó su amplio conocimiento de las metodologías de las fuerzas del orden para eludir su identificación y captura durante años. Sus escenas del crimen estaban distribuidas por amplias zonas geográficas; su recuento de víctimas había ascendido al menos a 20 antes de que quedara claro que numerosos investigadores de jurisdicciones muy dispares estaban dando caza al mismo hombre. Los métodos de asalto elegidos por Bundy eran los traumatismos contusos y la estrangulación, dos técnicas relativamente silenciosas que podían llevarse a cabo con artículos domésticos comunes. Evitaba deliberadamente las armas de fuego por el ruido que hacían y las pruebas balísticas que dejaban. Era un "investigador meticuloso" que exploraba minuciosamente su entorno en busca de lugares seguros para capturar a las víctimas y deshacerse de ellas. Era inusualmente hábil para minimizar las pruebas físicas. Nunca se encontraron sus huellas dactilares en la escena de un crimen, ni ninguna otra prueba incontrovertible de su culpabilidad, un hecho que repitió a menudo durante los años en los que intentó mantener su inocencia.

Otros obstáculos importantes para las fuerzas del orden eran los rasgos físicos genéricos y esencialmente anónimos de Bundy y su curiosa capacidad camaleónica para cambiar de aspecto. Al principio, la policía se quejaba de la inutilidad de mostrar su fotografía a los testigos; su aspecto era diferente en prácticamente todas las fotos que se le habían hecho. En persona, "su expresión cambiaba tanto de aspecto que había momentos en los que ni siquiera estabas seguro de estar viendo a la misma persona", dijo Stewart Hanson Jr, juez del juicio de DaRonch. "Él [era] realmente un mutante". Bundy era muy consciente de esta cualidad inusual y la explotaba, utilizando sutiles modificaciones del vello facial o del peinado para alterar significativamente su apariencia según fuera necesario. Ocultaba su única seña de identidad, un lunar oscuro en el cuello, con camisas y jerséis de cuello alto. Incluso su Volkswagen Escarabajo resultó difícil de identificar; su color fue descrito por los testigos como metálico o no metálico, tostado o bronceado, marrón claro o marrón oscuro.

El modus operandi de Bundy evolucionó en organización y sofisticación con el tiempo, como es típico de los asesinos en serie, según los expertos del FBI. Al principio, consistía en entrar por la fuerza a altas horas de la noche y atacar violentamente con un arma contundente a una víctima dormida. A medida que evolucionaba su metodología, se volvía cada vez más organizado en la elección de las víctimas y las escenas del crimen. Empleaba diversas artimañas para atraer a la víctima a las inmediaciones de su vehículo, donde había colocado previamente un arma, normalmente una palanca. En muchos casos llevaba una pierna escayolada o un brazo en cabestrillo, y a veces cojeaba con muletas, y luego pedía ayuda para llevar algo a su vehículo. Bundy era considerado guapo y carismático, rasgos que explotaba para ganarse la confianza de sus víctimas y de la gente que le rodeaba en su vida cotidiana. "Ted atraía a las mujeres", escribió Michaud, "del mismo modo que una flor de seda sin vida puede embaucar a una abeja de la miel". A veces se acercaba a las mujeres fingiendo ser una figura de autoridad o un bombero.

Una vez que Bundy los tenía cerca o dentro de su vehículo, los dominaba y apaleaba, y luego los sujetaba con esposas. Luego las transportaba a un lugar secundario preseleccionado, a menudo a una distancia considerable, y las violaba mediante estrangulamiento con ligaduras. En el caso de sus víctimas de Utah, el lugar secundario era su edificio de apartamentos. Hacia el final de su juerga, en Florida, quizá bajo el estrés de ser un fugitivo, volvió a atacar indiscriminadamente a mujeres dormidas. Aunque a menudo se dice que era un torturador, y la biógrafa Ann Rule en particular lo consideraba un "sociópata sádico" que disfrutaba con el sufrimiento humano, Bundy rebatió estas afirmaciones en una de sus conversaciones con Michaud, insistiendo en que nunca torturó deliberadamente a ninguno de los que mató y que los asesinatos no tenían un enfoque sádico de disfrute derivado de infligir dolor y lesiones. Por el contrario, afirmó que hizo todo lo posible por mitigar el tormento físico de sus víctimas.

En los lugares secundarios, Bundy retiraba y posteriormente quemaba la ropa de la víctima o, al menos en un caso (el de Cunningham), la depositaba en un contenedor de recogida de Goodwill Industries. Explicó que la eliminación de la ropa era un ritual, pero también una cuestión práctica, ya que minimizaba la posibilidad de dejar rastros en la escena del crimen que pudieran implicarle. Un error de fabricación en las fibras de su propia ropa, irónicamente, proporcionó un vínculo incriminatorio crucial para el asesinato de Leach. A menudo volvía a visitar sus escenas del crimen secundarias para realizar actos de necrofilia y acicalar o vestir a los cadáveres. Algunas víctimas fueron encontradas con prendas de vestir que nunca habían usado, o esmalte de uñas que los miembros de la familia nunca habían visto. Bundy tomó fotos Polaroid de muchas de sus víctimas. "Cuando trabajas duro para hacer algo bien", le dijo a Hagmaier, "no quieres olvidarlo". El consumo de grandes cantidades de alcohol era un "componente esencial", dijo tanto a Keppel como a Michaud; necesitaba estar "extremadamente borracho" mientras merodeaba para "disminuir significativamente" sus inhibiciones y "sedar" la "personalidad dominante" que temía que pudiera impedir que su "entidad" interior actuara según sus impulsos.

Todas las víctimas conocidas de Bundy eran mujeres blancas, la mayoría de clase media. Casi todas tenían entre 15 y 25 años y la mayoría eran estudiantes universitarias. Al parecer, nunca se acercó a nadie que hubiera conocido antes. En su última conversación antes de su ejecución, Bundy le dijo a Kloepfer que se había mantenido alejado de ella a propósito "cuando sintió que el poder de su enfermedad crecía en él." Rule observó que la mayoría de las víctimas identificadas tenían el pelo largo y liso, con raya en medio, como Diane Edwards, la mujer que le rechazó y con la que más tarde se comprometió y luego rechazó a su vez. Rule especuló con la posibilidad de que la animadversión de Bundy hacia su primera novia desencadenara su prolongado alboroto y le llevara a buscar víctimas que se parecieran a ella. Bundy descartó esta hipótesis: "[E]ncajaban en los criterios generales de ser jóvenes y atractivas", dijo a Aynesworth. "Demasiada gente ha comprado esta basura de que todas las chicas eran similares ... [pero] casi todo era distinto... físicamente, casi todas eran diferentes". Sí admitió que la juventud y la belleza eran "criterios absolutamente indispensables" en su elección de las víctimas.

Tras la ejecución de Bundy, Rule se sorprendió y preocupó al recibir noticias de numerosas "jóvenes sensibles, inteligentes y amables" que escribían o llamaban para decir que estaban profundamente deprimidas por la muerte de Bundy. Muchas habían mantenido correspondencia con él, "cada una creyendo que era la única". Varias dijeron que sufrieron crisis nerviosas cuando él murió. "Incluso muerto, Ted dañó a las mujeres", escribió Rule. "Para recuperarse, deben darse cuenta de que fueron estafadas por el maestro del timo. Están de luto por un hombre sombra que nunca existió".

Patología

Bundy fue sometido a múltiples exámenes psiquiátricos; las conclusiones de los expertos variaron. Dorothy Otnow Lewis, profesora de psiquiatría de la Facultad de Medicina de la Universidad de Nueva York y una autoridad en comportamiento violento, hizo inicialmente un diagnóstico de trastorno bipolar, pero más tarde cambió su impresión más de una vez. También sugirió la posibilidad de un trastorno de personalidad múltiple, basándose en comportamientos descritos en entrevistas y testimonios judiciales; una tía abuela fue testigo de un episodio durante el cual Bundy "parecía convertirse en otra persona irreconocible... [De repente, se encontró inexplicablemente asustada de su sobrino favorito mientras esperaban juntos en una estación de tren al anochecer. Se había convertido en un extraño". Lewis relató cómo un funcionario de prisiones de Tallahassee describió una transformación similar: "Dijo: 'Se volvió raro conmigo'. Hizo una metamorfosis, un cambio corporal y facial, y sintió que casi desprendía un olor. Dijo: 'Casi un cambio completo de personalidad... ese fue el día en que le tuve miedo'".

Aunque para los expertos el diagnóstico preciso de Bundy era difícil de precisar, la mayoría de las pruebas no apuntaban a un trastorno bipolar u otras psicosis, sino a un trastorno antisocial de la personalidad (TAP). Bundy mostraba muchos de los rasgos de personalidad típicos de los pacientes con ASPD (a los que a menudo se identifica como "sociópatas" o "psicópatas"), como el encanto y el carisma externos, con poca personalidad o perspicacia genuina bajo la fachada; la capacidad de distinguir el bien del mal, pero con un efecto mínimo en el comportamiento; y una ausencia de culpa o remordimiento. "La culpa no resuelve nada", dijo Bundy en 1981. "Te hace daño ... Supongo que estoy en la envidiable posición de no tener que lidiar con la culpa". También había pruebas de narcisismo, mal juicio y comportamiento manipulador. Tras una evaluación con la Psychopathy Checklist-revised (PCL-R), Bundy fue evaluado como 39/40. El fiscal George Dekle escribió: "Los sociópatas son manipuladores egoístas que creen que pueden estafar a cualquiera". "A veces me manipula incluso a mí", admitió un psiquiatra. Al final, Lewis dio la razón a la mayoría: "Siempre les digo a mis estudiantes de posgrado que si pueden encontrarme un psicópata real y verdadero, les invitaré a cenar", le dijo a Nelson. "Nunca pensé que existieran... pero creo que Ted puede haber sido uno, un verdadero psicópata, sin ningún tipo de remordimiento ni empatía". El trastorno narcisista de la personalidad (NPD) se ha propuesto como diagnóstico alternativo en al menos un análisis retrospectivo posterior.

La tarde anterior a su ejecución, Bundy concedió una entrevista a James Dobson, psicólogo y fundador de la organización cristiana evangélica Enfoque a la Familia. Aprovechó la ocasión para hacer nuevas afirmaciones sobre la violencia en los medios de comunicación y las "raíces" pornográficas de sus crímenes. "Ocurrió por etapas, gradualmente", dijo. "Mi experiencia con... la pornografía que trata de forma violenta la sexualidad, es que una vez que te vuelves adicto a ella... Sigo buscando material más potente, más explícito y más gráfico. Hasta que llegas a un punto en el que la pornografía sólo llega hasta cierto punto ... en el que empiezas a preguntarte si tal vez hacerlo realmente te daría eso que está más allá de sólo leerlo o mirarlo". La violencia en los medios, dijo, "particularmente la violencia sexualizada", enviaba a los chicos "por el camino de ser Ted Bundys". Sugirió que el FBI vigilara las salas de cine para adultos y siguiera a los clientes a la salida. "Me vais a matar", dijo, "y eso protegerá a la sociedad de mí. Pero ahí fuera hay muchísima más gente adicta a la pornografía, y no estáis haciendo nada al respecto".

Aunque Nelson estaba aparentemente convencido de que la preocupación de Bundy era genuina, la mayoría de los biógrafos, investigadores y otros observadores han llegado a la conclusión de que su repentina condena de la pornografía fue un último intento manipulador de desviar la culpa atendiendo a la agenda de Dobson como crítico de la pornografía desde hacía mucho tiempo. Le dijo a Dobson que las revistas de detectives de "crímenes reales" le habían "corrompido" y "alimentado [sus] fantasías... hasta el punto de convertirse en un asesino en serie"; sin embargo, en una carta de 1977 a Rule, escribió: "¿Quién en el mundo lee estas publicaciones? ... Nunca he comprado una revista así, y [sólo] en dos o tres ocasiones he cogido una". Dijo a Michaud y Aynsworth en 1980, y a Hagmaier la noche antes de hablar con Dobson, que la pornografía desempeñó un papel insignificante en su desarrollo como asesino en serie. "El problema no era la pornografía", escribió Dekle. "El problema era Bundy". "Ojalá pudiera creer que sus motivos eran altruistas", escribió Rule. "Pero todo lo que puedo ver en esa cinta de Dobson es otra manipulación de Ted Bundy de nuestras mentes. El efecto de la cinta es colocar, una vez más, la carga de sus crímenes, no en él mismo, sino en nosotros."

Tanto Rule como Aynesworth señalaron que, para Bundy, la culpa siempre era de alguien o de algo más. Aunque acabó confesando treinta asesinatos, nunca aceptó la responsabilidad de ninguno de ellos, ni siquiera cuando se le ofreció esa oportunidad antes del juicio de Chi Omega, que le habría librado de la pena de muerte. Desvió la culpa hacia una amplia variedad de chivos expiatorios, entre ellos su abuelo maltratador, la ausencia de su padre biológico, la ocultación de su verdadera filiación por parte de su madre, el alcohol, los medios de comunicación, la policía, a la que acusó de colocar pruebas, la sociedad en general, la violencia en televisión y, en última instancia, las publicaciones periódicas sobre crímenes reales y la pornografía. Culpaba a la programación televisiva, que veía sobre todo en aparatos que había robado, de haberle "lavado el cerebro" para robar tarjetas de crédito. Al menos en una ocasión, incluso intentó culpar a sus víctimas: "He conocido a personas que... irradian vulnerabilidad", escribió en una carta a Kloepfer en 1977. "Sus expresiones faciales dicen 'te tengo miedo'. Estas personas invitan al abuso... Al esperar que les hagan daño, ¿lo fomentan sutilmente?". Otro elemento significativo del delirio impregnaba el pensamiento de Bundy:

"Bundy siempre se sorprendía cuando alguien se daba cuenta de que una de sus víctimas había desaparecido, porque se imaginaba que América era un lugar donde todo el mundo es invisible excepto para sí mismo. Y siempre se asombraba cuando la gente testificaba que le había visto en lugares incriminatorios, porque Bundy no creía que la gente se fijara en los demás."

"No sé por qué todo el mundo va a por mí", se quejó a Lewis. "No era consciente de la enormidad de lo que había hecho", dijo. "Un asesino en serie de larga duración erige poderosas barreras a su culpabilidad", escribió Keppel, "muros de negación que a veces nunca pueden traspasarse". Nelson se mostró de acuerdo. "Cada vez que se veía obligado a hacer una confesión real", escribió, "tenía que saltar una empinada barrera que había construido en su interior hacía mucho tiempo".

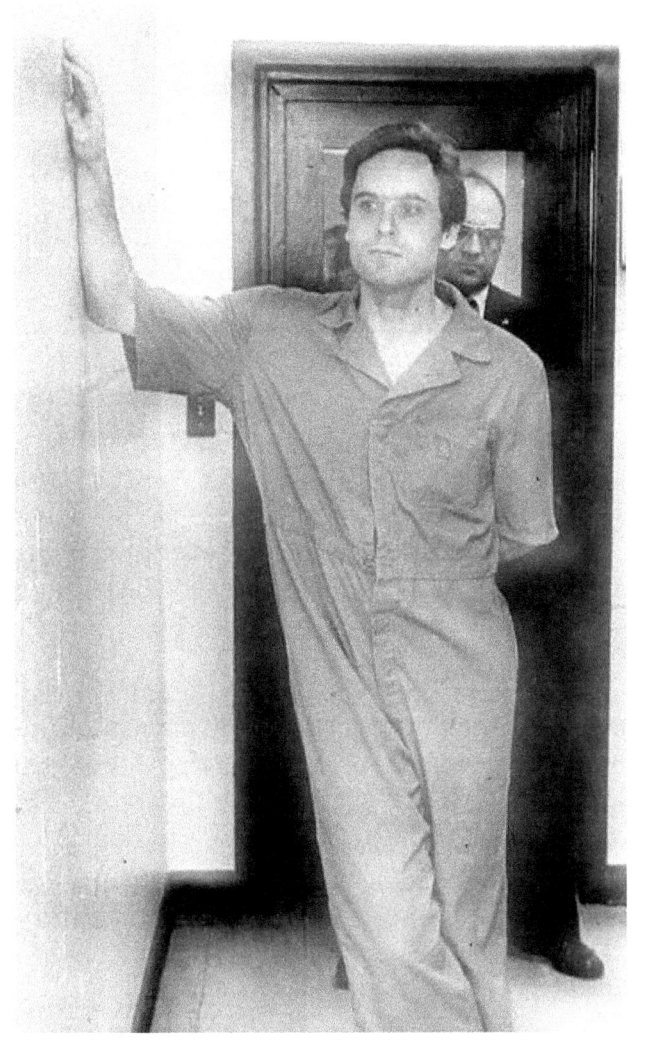

Víctimas

Confirmado

La noche antes de su ejecución, Bundy confesó haber cometido 30 homicidios, pero el verdadero total sigue siendo desconocido, y Bundy hacía ocasionalmente comentarios crípticos para fomentar la especulación. En 1980 dijo a Aynesworth que por cada asesinato "publicitado", "podría haber uno que no lo fuera". Cuando los agentes del FBI propusieron un recuento total de 36, Bundy respondió: "Añadan un dígito a eso y lo tendrán". Años después le dijo a Nelson que la estimación común de 35 era exacta, pero Keppel escribió que "[Ted] y yo sabíamos [que el total] era mucho mayor." En una entrevista, Keppel declaró su creencia de que Bundy había matado "por lo menos 50, y tal vez 75".

John Henry Browne, abogado de Bundy, afirmaría más tarde "que la primera persona a la que mató fue un chico joven cuando jugaban a una especie de juego sexual en el bosque. Así que sólo debía tener 12, 13 ó 14 años". Browne también dijo que "Ted me dijo en esa entrevista que había matado a más de 100 personas". "Le dije a Ted Bundy que ahora tenemos pruebas para acusarle de ambos casos", recordó el sheriff del condado de Leon, Kenneth Katsaris, refiriéndose a los asesinatos de Chi

Omega y al asesinato de Leach. "Me miró y me dijo: 'Cuando encontréis a la persona que cometió estos crímenes que creéis que yo cometí, esa persona va a ser buscada por asesinatos de mujeres de tres dígitos en seis estados'". "No creo que ni siquiera él supiera... a cuántas mató, o por qué las mató", dijo el reverendo Fred Lawrence, el clérigo metodista que administró la extremaunción a Bundy. "Esa fue mi impresión, mi fuerte impresión".

La víspera de su ejecución, Bundy repasó con Hagmaier su recuento de víctimas, estado por estado, hasta un total de 30 homicidios:

- en Washington, 11 (incluido Parks, secuestrado en Oregón pero asesinado en Washington; e incluidos 3 no identificados)
- en Utah, 8 (3 sin identificar)
- en Colorado, 3
- en Florida, 3
- en Oregón, 2 (ambos sin identificar)
- en Idaho, 2 (1 sin identificar)
- en California, 1 (sin identificar)

Washington, Oregón

- *4 de enero*: **Karen Sparks** (18): Aporreada y agredida sexualmente en su cama mientras dormía en el distrito universitario; sobrevivió pero el alcance de sus lesiones le provocó daños cerebrales permanentes.

- *1 de febrero*: **Lynda Ann Healy** (21): Aporreada mientras dormía y secuestrada en el sótano de su habitación en Seattle, Washington, fue decapitada y desmembrada post mortem; mandíbula recuperada en el yacimiento de Taylor Mountain en 1975.

- *12 de marzo*: **Donna Gail Manson** (19): Secuestrada mientras se dirigía a un concierto en el Evergreen State College; el cuerpo fue abandonado, según Bundy, en el yacimiento de Taylor Mountain, pero nunca fue encontrado. Sin embargo, se especula que los restos parciales de una mujer no identificada descubiertos cerca de Eatonville, Washington, el 29 de agosto de 1978, podrían pertenecer a Manson. Al parecer, los restos y la ropa fueron destruidos el 10 de mayo de 1985, antes de que pudiera realizarse una identificación forense positiva.

- *17 de abril*: **Susan Elaine Rancourt** (18): Desaparecida tras asistir a una reunión nocturna de consejeros en el Central Washington State

College; cráneo y mandíbula recuperados en el yacimiento de Taylor Mountain en 1975. Ambos estaban gravemente fracturados.

- *6 de mayo*: **Roberta Kathleen Parks** (22): Desaparecida de la Universidad Estatal de Oregón en Corvallis, Oregón; cráneo y mandíbula recuperados en el yacimiento de Taylor Mountain en 1975. Había sido apaleada hasta la muerte.

- *1 de junio*: **Brenda Carol Ball** (22): Desapareció después de salir de la taberna Flame en Burien, y fue vista por última vez en el aparcamiento, hablando con un hombre con el brazo en cabestrillo; cráneo y mandíbula recuperados en el yacimiento de Taylor Mountain en 1975. Tenía el cráneo fracturado.

- *11 de junio*: **Georgann Hawkins** (18): Secuestrada en un callejón detrás de la casa de su hermandad; Bundy identifica los restos óseos como los de Hawkins recuperados en Issaquah. Hawkins permanece en la lista de personas desaparecidas.

- *14 de julio*: **Janice Ann Ott** (23): Secuestrada en el Parque Estatal del Lago Sammamish a plena luz del día y vista por última vez saliendo del parque con Bundy, quien le había pedido ayuda para poner su velero en su coche; restos óseos recuperados en el yacimiento de Issaquah en 1974.

- *14 de julio*: **Denise Marie Naslund** (19): Secuestrada cuatro horas después de Ott en el mismo parque y vista por última vez caminando hacia los aseos; restos óseos recuperados en Issaquah en 1974.

Utah

- *2 de octubre*: **Nancy Wilcox** (16): Vista por última vez en un Volkswagen Beetle amarillo cerca de su casa en Holladay, Utah, después de salir a comprar un paquete de chicles; el cuerpo fue enterrado, según Bundy, cerca del parque nacional Capitol Reef, a 320 km al sur de Salt Lake City, pero nunca se encontró.

- *18 de octubre*: **Melissa Anne Smith** (17): Desaparecida en Midvale, Utah, tras salir de una pizzería para regresar a su casa; el cuerpo fue encontrado nueve días después en una ladera de Summit Park, Utah. Su cabeza había sido severamente golpeada con una palanca, y su cuerpo había sido maltratado antes de morir.

- *31 de octubre*: **Laura Ann Aime** (17): Desaparecida en Lehi, Utah, cuando volvía a casa de una fiesta de Halloween; el cuerpo fue descubierto por unos excursionistas en el cañón American Fork. Tenía la cara irreconocible y había sido estrangulada y agredida sexualmente.

- *8 de noviembre*: **Carol DaRonch** (18): Recogida en el centro comercial Fashion Place de Murray, atraída por el disfraz de Bundy que decía ser un agente de policía que investigaba robos de vehículos en el aparcamiento; escapó saltando del vehículo de Bundy después de que éste le pusiera inadvertidamente un par de esposas en la misma muñeca.

- *8 de noviembre*: **Debra Jean Kent** (17): Desaparecida tras salir de una obra escolar en Bountiful, Utah; cuerpo abandonado según Bundy cerca de Fairview, 160 km al sur of Bountiful; se encontró una rótula que fue identificada positivamente por ADN como la de Kent en 2015.

Utah, Colorado, Idaho

- *12 de enero*: **Caryn Eileen Campbell** (23): Desapareció del pasillo de un hotel en Snowmass, Colorado; el cuerpo fue descubierto en un camino de tierra cerca del hotel con fracturas craneales y heridas de arma blanca el 17 de febrero.

- *15 de marzo*: **Julie Lyle Cunningham** (26): Desaparecida de Vail, Colorado, después de salir de su apartamento en el barrio de Apollo Park para visitar una taberna local; cuerpo enterrado según Bundy cerca de Rifle, a 90 millas (140 km) al oeste de Vail, pero nunca encontrado.

- *6 de abril*: **Denise Lynn Oliverson** (24): Secuestrada cuando iba en bicicleta a casa de sus padres en Grand Junction, Colorado; el cuerpo fue arrojado, según Bundy, al río Colorado a 8,0 km al oeste de Grand Junction, pero nunca fue encontrado.

- *6 de mayo*: **Lynette Dawn Culver** (12): Secuestrada en Pocatello, Idaho, después de salir de la Alameda Junior High School para su hora de almuerzo; el cuerpo fue arrojado, según Bundy, a lo que las autoridades creen que es el río Snake, pero nunca fue encontrado.

- *28 de junio*: **Susan Curtis** (15): Desapareció durante una conferencia de jóvenes en la Universidad Brigham Young cuando dejó a sus amigos para caminar de regreso a su dormitorio y cepillarse los dientes; el cuerpo fue enterrado según Bundy a lo largo de una carretera cerca de Price, 75 millas (121 km) al sureste de Provo, pero nunca fue encontrado.

Florida

- *15 de enero*: **Margaret Elizabeth Bowman** (21): Apuñalada y estrangulada mientras dormía en la hermandad Chi Omega de la Universidad Estatal de Florida (no hay escena secundaria del crimen).

- *15 de enero*: **Lisa Janet Levy** (20): Aporreada, estrangulada, mordida y agredida sexualmente mientras dormía en la hermandad Chi Omega de la Universidad Estatal de Florida (no hay escena secundaria del crimen).

- *15 de enero*: **Karen Chandler** (21): Aporreada mientras dormía en la hermandad Chi Omega de la Universidad Estatal de Florida; sobrevivió aunque se fracturó el cráneo y le aplastaron la mandíbula, el brazo derecho y los dedos.

- *15 de enero*: **Kathy Kleiner** (21): Apuñalada mientras dormía en la hermandad Chi Omega de la Universidad Estatal de Florida, con la mandíbula destrozada y la mejilla derecha desgarrada; sobrevivió.

- *15 de enero*: **Cheryl Thomas** (21): Golpeada mientras dormía, a ocho manzanas de Chi Omega; sobrevivió tras fracturarse la mandíbula y el cráneo, lo que le dejó sordera permanente y daños en el equilibrio.

- *9 de febrero*: **Kimberly Dianne Leach** (12): Secuestrada en el Lake City Junior High School de Lake City, Florida, y vista por última vez siendo conducida a una furgoneta blanca por un hombre que más tarde fue identificado como Bundy; restos momificados encontrados cerca del Suwannee River State Park, a 43 millas (69 km) al oeste de Lake City, con "violencia homicida sobre la región del cuello".

Sin confirmar

Bundy sigue siendo sospechoso de varios homicidios y desapariciones sin resolver, y es probable que sea responsable de otros que tal vez nunca se identifiquen; en 1987, confió a Keppel que había "algunos asesinatos" de los que "nunca hablaría", porque se cometieron "demasiado cerca de casa", "demasiado cerca de la familia", o implicaban a "víctimas que eran muy jóvenes". Minutos antes de su ejecución, Hagmaier preguntó a Bundy sobre homicidios sin resolver en Nueva Jersey, Vermont (el caso Curran), Illinois, Texas y Florida. Bundy le dio indicaciones -más tarde se demostró que inexactas- para llegar al lugar donde estaba enterrado Curtis en Utah, pero negó estar implicado en ninguno de los casos abiertos. En 2011, el perfil de ADN completo de Bundy, obtenido a partir de un vial de su sangre encontrado en un depósito de pruebas, se añadió a la base de datos de

ADN del FBI para futuras referencias en estos y otros casos de asesinato sin resolver:

- **Ann Marie Burr**, de 8 años, desapareció de su casa de Tacoma el 31 de agosto de 1961, cuando Bundy tenía 14 años. Se encontró una huella desconocida de una zapatilla de tenis junto al banco volcado que se utilizó para entrar en su casa. Debido al pequeño tamaño de la zapatilla, la policía creyó que el autor era un adolescente o un joven. La casa de los Burr estaba en la ruta de reparto de periódicos de Bundy y el padre de los Burr estaba seguro de haber visto a Bundy en una zanja de una obra en construcción en el cercano campus de UPS la mañana en que desapareció su hija. Otras pruebas circunstanciales implican también a Bundy, pero los detectives familiarizados con el caso nunca se han puesto de acuerdo sobre la probabilidad de su implicación. Bundy negó repetidamente su culpabilidad y escribió una carta de negación a la familia Burr en 1986. Sin embargo, Keppel ha observado que el caso Burr encaja en las tres categorías de asesinatos de los que Bundy "nunca hablaría": "demasiado cerca de casa", "demasiado cerca de la familia" y "muy joven". Las pruebas forenses de las pruebas materiales de la escena del crimen de Burr en 2011 no arrojaron suficientes secuencias de ADN intactas para compararlas con las de Bundy, por lo que su participación sigue siendo especulativa.

- Las auxiliares de vuelo **Lisa Wick** y **Lonnie Ree Trumbull**, ambas de 20 años, fueron apaleadas con un trozo de madera mientras dormían en su apartamento del sótano del barrio Queen Anne de Seattle en la madrugada del 23 de junio de 1966. La autopsia concluyó que Trumbull había muerto aproximadamente a medianoche de un golpe en la cabeza que había recibido una hora antes. En retrospectiva, Keppel observó muchas similitudes con la escena del crimen de Chi Omega. El crimen también era similar a los anteriores asaltos verificables de Bundy a mujeres, que fueron apaleadas mientras estaban en sus camas en apartamentos del sótano de Seattle. Wick, que sufrió una pérdida de memoria permanente como consecuencia del ataque, se puso más tarde en contacto con Rule: "Sé que fue Ted Bundy quien nos hizo eso", escribió, "pero no puedo decirte cómo lo sé." Los registros policiales afirman que, cuando en enero de 1977 se compararon las huellas dactilares de Bundy con las dejadas en la escena del crimen, no coincidieron, aunque se permitió la entrada de muchas personas a la escena del crimen, no protegida, y es posible que dejaran sus huellas dactilares, provocando así una alteración no deseada de las pruebas. La implicación de Bundy sigue sin confirmarse.

- **Susan Margarite Davis** y **Elizabeth Potter Perry**, amigas universitarias de vacaciones en Pensilvania, ambas de 19 años, murieron apuñaladas en Somers Point, Nueva Jersey. Las mujeres habían estado de visita en Ocean City y regresaban a Pensilvania sobre las 4:30 de la madrugada del 30 de mayo de 1969, antes de parar a desayunar en el Somers Point Diner. Salieron del restaurante una hora más tarde y desaparecieron. Su coche fue encontrado ese día abandonado junto a la autopista Garden State Parkway, a las afueras de Somers Point, cerca de Atlantic City, a 97 km al sureste de Filadelfia; y sus cuerpos fueron descubiertos en un bosque cercano tres días después atados a los árboles con el pelo. Davis estaba desnuda, con la ropa y los accesorios amontonados a su lado. Salvo por la ropa interior que le faltaba, Perry estaba completamente vestida. Bundy asistió a la Universidad de Temple de enero a mayo de 1969 y, al parecer, no se trasladó al oeste hasta después del fin de semana del Memorial Day. Aunque las versiones de sus primeros crímenes variaron considerablemente entre las entrevistas, declaró al psicólogo forense Art Norman que sus primeras víctimas de asesinato fueron dos mujeres de la zona de Filadelfia. El biógrafo Richard Larsen cree que Bundy cometió los asesinatos utilizando su artimaña de fingir lesiones, basándose en la entrevista de un investigador con Julia Cowell, tía de Bundy: Según ella, Ted llevaba una pierna escayolada debido a un accidente de automóvil el fin de semana de los homicidios y, por tanto, no podía haber viajado de Filadelfia a la costa de Jersey; no hay constancia oficial de ningún accidente de ese tipo. Bundy es considerado un "firme sospechoso", pero el caso sigue abierto.

- **Rita Patricia Curran**, maestra de primaria de 24 años y camarera de motel a tiempo parcial, fue asesinada en el sótano de su apartamento el 19 de julio de 1971 en Burlington, Vermont; había sido estrangulada, apaleada y violada. La hora de la muerte se dio más tarde como aproximadamente la medianoche. La ubicación del motel donde trabajaba, adyacente al lugar de nacimiento de Bundy, el Hogar Elizabeth Lund para Madres Solteras, y las similitudes con escenas de crímenes conocidos de Bundy llevaron al agente retirado del FBI John Bassett a proponerlo como sospechoso. Bundy dijo a Keppel que había asesinado a una joven en 1971 en Burlington cuando se encontraba allí para obtener información sobre su nacimiento, pero negó su implicación específica en el caso Curran a Hagmaier en vísperas de su ejecución. No hay pruebas que sitúen firmemente a Bundy en Burlington en esa fecha, pero los registros municipales señalan que una persona llamada "Bundy" fue mordida por un perro esa semana, y largos periodos de tiempo de Bundy -incluido el verano de 1971- permanecen en paradero desconocido. En 2023, el Departamento de Policía de Burlington anunció que el asesino de Curran era su vecino de al lado, que había sido identificado utilizando ADN extraído de una colilla de cigarrillo desechada encontrada en la escena del crimen.

- **Joyce Margaret LePage**, de 21 años, fue vista por última vez la noche del 22 de julio de 1971, cuando unos amigos la dejaron en su apartamento del campus de la Universidad Estatal de Washington, donde cursaba estudios universitarios. Más tarde, su vehículo fue descubierto por la policía aparcado a cuatro manzanas de su residencia. Nueve meses después, se encontraron sus restos envueltos en dos mantas "militares", atados con una cuerda, en un profundo barranco al sur de Pullman, Washington. Sus restos también estaban cubiertos por un gran trozo de alfombra verde que había desaparecido del Stevens Hall, una residencia femenina del campus de la WSU, que estaba vacía y en obras en el verano de 1971. Se confirmó que la causa de su muerte fueron tres heridas de arma blanca en el pecho, lo que se determinó durante un examen forense de sus huesos realizado por el FBI. La policía concluyó, a partir de las pruebas disponibles, que había sido apuñalada hasta la muerte en Stevens Hall antes de ser envuelta en una alfombra y llevada al barranco. Las autoridades del condado de Whitman han declarado que varios sospechosos - incluido Bundy- "nunca han sido absueltos".

- **Kerry May-Hardy**, de 22 años, desapareció mientras hacía autostop el 13 de junio de 1972 en Woodland Park, Seattle. Los restos óseos de Hardy fueron desenterrados el 6 de septiembre de 2010 por maquinaria de construcción, en una fosa de 0,6 metros de profundidad. El ADN del esqueleto coincidió con la muestra de la familia el 1 de junio de 2011. El cuerpo de Hardy fue descubierto a ocho kilómetros de la fosa común de Bundy en Taylor Mountain y se sabe que compartía una relación de amistad con Bundy, aunque no se sabe con certeza si realmente se conocían. El caso sigue oficialmente sin resolver.

- En 1989, Bundy confesó dos homicidios en Oregón sin identificar a las víctimas. Posteriormente, las fuerzas de seguridad de Oregón identificaron a Bundy como principal sospechoso de las desapariciones en 1973 de **Vicki Lynn Hollar,** de 24 años, que desapareció de Eugene el 20 de agosto, y de **Suzanne Rae Justis**, de 23 años, que fue vista por última vez en Portland el 5 de noviembre. Hollar fue vista por última vez entrando en su coche en un aparcamiento de camino a su apartamento. La última vez que se supo de Justis fue cuando telefoneó a sus padres desde el exterior del Veterans Memorial Coliseum. Bundy fue vinculado a los casos debido a que Hollar y Justis se ajustaban a su perfil de víctimas preferidas y se sabía que había estado en la zona en el momento de sus desapariciones. Otra posible víctima identificada por los detectives fue **Rita Lorraine Jolly**, de 17 años, que desapareció de West Linn el 29 de junio de 1973, después de salir de su residencia en Horton Road para dar un paseo. Jolly fue vista por última vez entre las 20:30 y las 21:00 horas, caminando cuesta arriba por Sunset

Avenue. Las autoridades no consiguieron entrevistarse con Bundy y las tres mujeres siguen clasificadas como desaparecidas.

- **Katherine Merry Devine, de 14 años**, fue secuestrada el 25 de noviembre de 1973, y su cuerpo fue encontrado al mes siguiente en el Capitol State Forest, cerca de Olympia, Washington. **Brenda Joy Baker, de 14** años, fue vista por última vez haciendo autostop cerca de Puyallup, el 27 de mayo de 1974; su cuerpo fue encontrado en el Parque Estatal Millersylvania un mes después. Había sido degollada. Aunque en general se creía que Bundy era el responsable de ambos asesinatos, éste declaró a Keppel que no tenía conocimiento de ninguno de los dos casos. Los análisis de ADN condujeron a la detención y condena de William Cosden por el asesinato de Devine en 2002. El homicidio de Baker sigue sin resolverse, aunque también se considera a Cosden el principal sospechoso de su caso.

- **Sandra Jean Weaver**, de 19 años, natural de Wisconsin y residente en Tooele, fue vista por última vez cuando salía del Warehouse District de Salt Lake City para almorzar sobre las 10.30 horas del 1 de julio de 1974. Su cuerpo desnudo fue descubierto al día siguiente por unos turistas que hacían senderismo en De Beque, junto al río Colorado, cerca de Grand Junction (Colorado). Había sido agredida sexualmente y murió asfixiada por estrangulamiento antes de ser arrojada a un camino de servicio. El detective del sheriff del condado de Salt Lake, Jerry Thompson, declaró posteriormente que el caso de Weaver era "muy similar" a las muertes posteriores de Smith y Aime. Sin embargo, el asesinato de Weaver sigue oficialmente sin resolverse.

- **Rhonda Stapley**, estudiante de 21 años de la Universidad de Utah, estaba esperando en una parada de autobús en Salt Lake City el 11 de octubre de 1974, cuando supuestamente fue abordada por Bundy, que se había detenido y le ofreció llevarla en su Volkswagen Escarabajo. Después de entrar en su vehículo, Bundy condujo hasta un lugar aislado de picnic en un cañón, apagó el motor, se volvió hacia ella y le dijo: "¿Sabes qué? Voy a matarte ahora". A continuación, asfixió y violó repetidamente a Stapley durante tres horas hasta que Bundy, que la creyó muerta, se distrajo con algo cerca de su coche y ella pudo huir al bosque. Aunque ella no reconocería públicamente el incidente hasta 2011, su relato fue apoyado por Ann Rule, quien dijo que era coherente con la cronología del FBI sobre las actividades de Bundy en 1974.

- **Melanie Suzanne Cooley**, de 18 años, desapareció el 15 de abril de 1975, tras salir del instituto Nederland de Nederland, 80 km al noroeste de Denver. La vieron por última vez unos compañeros que hacían autostop en las inmediaciones después de terminar sus clases. Dos semanas después, unos trabajadores de mantenimiento de carreteras descubrieron su cadáver en Coal Creek Canyon, a 32 km del lugar donde fue vista por última vez. Los recibos de la gasolinera sitúan a Bundy en la cercana Golden el día que Cooley desapareció. Las autoridades del condado de Jefferson consideran que las pruebas del caso de Cooley no son concluyentes y siguen tratando su homicidio como un caso sin resolver.

- **Shelley Kay Robertson**, de 24 años, no se presentó a trabajar en Golden, Colorado, el 1 de julio de 1975. Su cuerpo desnudo y descompuesto fue encontrado por dos estudiantes de minería el 21 de agosto, a 150 m del interior de una mina en Berthoud Pass, cerca de Winter Park Resort. Los recibos de las tarjetas de crédito situaban a Bundy en Golden el día de la desaparición de

Robertson, pero no hay pruebas directas de su implicación.

- **Nancy Perry Baird**, de 23 años, desapareció de la gasolinera donde trabajaba como dependienta en Layton, a 40 km al norte de Salt Lake City, el 4 de julio de 1975, y sigue clasificada como persona desaparecida. Un agente de policía que patrullaba la vio trabajando sola allí, y a las 17:30, menos de quince minutos después, se descubrió su desaparición. Bundy admitió haber cometido ocho homicidios en Utah poco antes de su ejecución y las autoridades sospecharon que una de las víctimas no identificadas podría haber sido Baird. Sin embargo, su presunto secuestro no encajaba con el perfil de los crímenes anteriores de Bundy en varios aspectos, y él negó explícitamente su implicación durante las entrevistas que concedió desde su celda del corredor de la muerte.

- **Deborah Diane Smith**, de 17 años, fue vista por última vez en Salt Lake City a principios de febrero de 1976, poco antes de que comenzara el juicio de DaRonch; su cuerpo fue encontrado por un trabajador de Utah Power and Light que revisaba postes en un pasto abierto cerca del Aeropuerto Internacional de Salt Lake City el 1 de abril de

1976. El detective de Salt Lake Jim Bell sospechó que Bundy podría haber matado a Smith. "Todavía estamos en el limbo en el de Debbie Smith", dijo Bell. "Vamos a esperar a tener una tabla de tiempos. No hemos llegado a nada sobre Bundy, pero tampoco hemos descartado nada."

- **Joy Kathleen Harmon**, de 22 años, fue vista por última vez saliendo del bar Better Days de Salt Lake City la noche del 2 de marzo de 1976. El 6 de marzo, un excursionista entre Parley's Canyon y Emigration Canyon encontró su cuerpo parcialmente vestido al norte de la interestatal 80. Harmon había sido estrangulada y golpeada. Harmon había sido estrangulada y golpeada; su asesinato se produjo al día siguiente de que Bundy fuera declarado culpable de secuestro con agravantes y tres meses antes de que fuera condenado a prisión y encarcelado el 30 de junio. Su caso sigue sin resolverse.

Otros libros de United Library

https://campsite.bio/unitedlibrary

Milton Keynes UK
Ingram Content Group UK Ltd.
UKHW021108270524